Asahi Keywords for Employment Tests 2023

朝日キーワード
就職
2023

最新時事用語
＆一般常識

［この本の特長と使い方］

就職活動で必要な最新時事用語と一般常識をコンパクトにまとめました。

①巻頭には2021年に話題になった人を取り上げています。

②時事用語解説は、「ニュースを読み解く時事キーワード」として、政治、国際関係、経済、医療・福祉、労働、教育、環境・国土・交通、科学・技術、情報・通信、文化、くらし、スポーツ、社会、マスコミ・広告に分類して掲載しています。解説中の重要用語がわかるように赤色で示しています。赤チェックシートを使えば消えるようになっているので、チェックドリルと合わせて確認しながら知識を身につけましょう。

③「必須の一般常識」は社会、国語、英語、数学・理科、文化・スポーツの5ジャンルに分けて掲載しています。赤チェックシートを使って一問一答形式で知識の確認ができます。

電車の中でも気軽に読めるこの1冊をマスターすれば、あなたの就職活動は完璧です。

朝日新聞出版

いま、話題の人

活躍や動向が気になる国内外の人たち9人を取り上げました。

日本初、兄妹で金メダル
阿部　一二三（1997年生まれ）　詩（2000年生まれ）

ともに神戸市出身。3人兄妹の2、3番目。テレビで見た柔道選手にひかれた一二三が、6歳で柔道を始める。詩も5歳で道場に通うようになる。2人は、同じような成長曲線をたどる。講道館杯を制したのはともに高校2年の時。国際大会の実績も同じように重ねた。幼いころから、互いに高め合い、支え合い、たどり着いた2021年の東京五輪では、そろって金メダルに輝いた。男女の兄妹が五輪で金メダルを獲得するのは夏冬通じて日本で初めて。表彰式を終えた後、都内のホテルで一二三が父に、詩が母に、それぞれのメダルをかけた。

東京五輪の開催が決まった瞬間、父がつぶやいた、「2人で出られたら最高やな」。8年を経て、夢が現実になった

日本女子史上初の2冠
大橋　悠依（1995年生まれ）

滋賀県彦根市出身。高校時代までは無名の存在。東洋大学入学後、2年までは貧血の症状に悩み、「もうやめよう」と思ったが、監督から諭され、「ここで逃げたくない」と踏みとどまった。10代で五輪に出る選手も多い競泳界で、25歳の五輪初出場は遅咲きだ。ゆっくりでも、一歩ずつ進んできたからこそたどり着けた東京五輪の大舞台で、競泳女子個人メドレー200mと400mで2冠を達成した。夏季五輪の全競技を通じて日本女子の2冠は史上初。「本当に自分がとったのかな、という感じです」。涙が止まらなかった1度目とは違い、2度目の表彰台は笑顔だった。

彦根市の人気キャラクター・ひこにゃんファンを公言。快挙を祝って、金メダルにひこにゃんが抱きつく新作イラストが制作された

[いま、話題の人]

史上最年少金メダリスト
西矢 椛 (にしや もみじ)（2007年生まれ）

大阪府松原市出身。2歳上の兄の影響で、5歳の時にスケートボードを始める。夢中になり、地元のスポーツ施設で1日3〜5時間打ち込んだ。動画サイト「YouTube」や、SNS「インスタグラム」のトップ選手の映像を見て、その技をまねして練習に励む。新型コロナウイルスの影響で東京五輪が延期される前は、出場圏外の選手だった。しかし、1年間で急成長し、6月の世界選手権で2位となって五輪の切符をつかむと、東京五輪女子ストリートで優勝を果たした。13歳の金メダリストは日本代表史上最年少。夢はまだまだ先にある。「世界で知らない人がいないくらい、有名なスケーターになりたい」

金メダル獲得を受け、松原市では練習施設の名称を西矢選手の名前にちなんだものに変更することを検討している

体操2冠の新エース
橋本 大輝 (はしもと だいき)（2001年生まれ）

千葉県成田市出身。2人の兄の影響で、6歳で体操を始める。中学まで学んだ体操クラブは設備が整っておらず難しい技の練習はできなかった。代わりに徹底的に基本を固めたことが、強い肉体をつくった。設備が整った千葉・市立船橋高で一気に才能が開花。高2、高3で全国高校総体と全日本ジュニア選手権の男子団体総合、国体の少年男子を制する「3冠」を2年連続で達成。2019年世界選手権では高校生として史上2人目となる代表選出。「東京五輪では日本を引っ張るエースになる」と話していた。その言葉通り、個人総合と鉄棒で金メダルを獲得し、「体操ニッポン」のエースに駆け上がった。

個人総合で予選を首位通過すると、内村航平は言った。「新世代のスターが生まれた。僕はもう主役じゃない」

第46代米国大統領

ジョー・バイデン（1942年生まれ）

　ペンシルベニア州生まれ。デラウェア大学、シラキュース大学法科大学院を経て弁護士となり、1972年に29歳の若さでデラウェア州から上院議員に初当選。6期36年務め、オバマ政権の2期8年、副大統領。2020年大統領選では、予備選で苦戦しながらも反トランプ票を集め当選。21年1月、第46代大統領に就任した。78歳での就任は米国史上最高齢。就任演説では「米国人と我々の国を結束させることに、私は全身全霊を捧げる」と訴え、「米国は同盟関係を修復し、世界に再び関与する」と宣言。パリ協定復帰など、トランプ前大統領の「米国第一」から脱却し、国際協調路線に回帰する姿勢を明確にした。

持ち味は、気さくな人柄と、政治的な立場を超えて妥協を図れる柔軟さと包容力だ

初のアジア系黒人女性米国副大統領

カマラ・ハリス（1964年生まれ）

　2021年1月、黒人、女性、アジア系として、初めて米国の副大統領となった。カリフォルニア州生まれ。ジャマイカ出身の父と、インド出身の母の間に生まれた移民2世。法曹界に入って社会を改革することを志し、検察官に。カリフォルニア州司法長官を経て16年に上院議員に選出。質問の鋭さで知られ、「次のオバマ」とも目される存在になった。バイデン氏の大統領選勝利宣言の場での演説では、「私は女性として最初の副大統領になるだろうが、最後にはならない。なぜなら今夜、ここは可能性の国であるということを、すべての少女が目の当たりにしたからだ」と発言。会場から大歓声が上がった。

バイデン氏が高齢なため、次の大統領選の有力な候補との声も出ている

[いま、話題の人]

経団連会長に就任

十倉　雅和 （1950年生まれ）
（とくら　まさかず）

病気療養のため任期途中で退任した中西宏明氏（2021年6月死去）からの指名を受け、21年6月に「財界総理」と呼ばれる経団連会長に就任した。兵庫県西脇市生まれ。東京大学経済学部卒業後、1974年に住友化学工業（現・住友化学）に入社。2011年から8年間社長を務め、19年から会長。経団連会長就任にあたり、中西前会長が掲げた「サステイナブル（持続可能）な資本主義」を「いの一番のスローガン」として踏襲する姿勢を示し、「実現に少しでも近づく経団連にしたい」。政府が脱炭素に向けて策定した目標は「非常に厳しい」としつつも、「逆にこれを成長戦略の柱にしないと」と達成に意欲を示した。

住友化学が経団連会長を出すのは、故・米倉弘昌氏以来7年ぶり2人目。語り口は柔らかな関西弁だ

「連合」初の女性会長

芳野　友子 （1965年生まれ）
（よしの　ともこ）

2021年10月、労働組合の中央組織・連合の8代目会長に就任した。連合の結成から32年で女性として初の会長。東京都出身。高校卒業後、ミシンメーカーのJUKIに就職した。幼いころからバレエを続けてきた粘り強さを買われ、19歳で組合専従となる。女性が少ない職場だったが、2年越しの交渉で育児休業制度を実現させる。その後も育児のための短時間勤務や看護休暇など、働き手の選択肢を増やす活動に打ち込んだ。コロナ禍では女性のおかれた立場の弱さが浮かんだ。非正規雇用から正規雇用への転換や最低賃金の引き上げなどにより、「総力を挙げて全体の底上げにつなげる」と抱負を語った。

働き手への支援に加え、傘下の産別によって立憲民主党、国民民主党と支持政党が異なる状況をどう整理するかも問われる

Contents 目次

◎いま、話題の人

阿部　一二三・詩／大橋　悠依　2
西矢　椛／橋本　大輝　3
ジョー・バイデン／カマラ・ハリス　4
十倉　雅和／芳野　友子　5

◎ニュースを読み解く時事キーワード

政治

岸田政権発足　14
菅義偉首相退任／野党共闘　15
改正国民投票法　16
緊急事態条項／
　　　　　国会召集義務訴訟　17
普天間移設問題　18
基地周辺などの土地規制法／
　政府、女性リーダー
　　　　　　　「20年代に30％」　19
デジタル庁発足　20
マイナンバーカード／IR＝カジノを含む統合型リゾート　21
こども庁／キャリア官僚志望者の減少　22
ふるさと納税／東京都議選　23
日本の領土問題　24
日本国憲法のポイント　26
チェックドリル　政治　28

衆院本会議で首相に指名された岸田文雄氏

国際関係

バイデン政権発足　30
トランプ氏、2度目の弾劾「無罪」／ヘイトクライム（憎悪犯罪）　31
QUAD／米台接近　32
SDGs（持続可能な開発目標）／核兵器禁止条約が発効　33
ロシア下院選で与党圧勝／弾圧続くベラルーシ　34
イラン、保守強硬派ライシ師が大統領に／シリア内戦　35
イスラエルで政権交代／ガザで武力衝突　36
キューバ、カストロ時代に幕／ペルー大統領に急進左派　37
アフガン、タリバン復権　38
ポスト・メルケル／
　　　ミャンマーでクーデター　39
香港国家安全維持法と民主派弾圧　40
中国・海警法／
　　　　　ウイグル人権問題　41
徴用工問題で続く日韓対立　42
バイデン政権の対北政策／
　　　金正恩氏が総書記に就任　43
チェックドリル 国際関係　44

民主派の弾圧が続く香港。中国政府に批判的な「リンゴ日報」が廃刊に。最終号はあっという間に売り切れた

経済

岸田政権の経済政策　46
税収、過去最高を更新／基礎的財政収支（プライマリーバランス）　47
RCEP　48
中国、TPPへの加盟を申請／改正種苗法　49
資本金減らし相次ぐ／最低法人税率　50
ESG投資　51
キャッシュレス決済／フィンテック　52
中央銀行デジタル通貨　53
半導体不足／EVシフト　54
東証の市場再編　55
経済の基礎用語　56
チェックドリル 経済　58

医療・福祉

新型コロナウイルス　60
まん延防止等重点措置／抗体カクテル療法　61
オンライン診療／
　高齢者医療費の窓口負担
　　　　　　　　　　　「2割」新設　62
アルツハイマー病新薬／
　介護職員、2040年度に69万人不足　63
iPS細胞　64
新型出生前診断（NIPT）　65

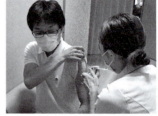

新型コロナウイルス感染対策の切り札とされるワクチン接種が進む

労働

コロナ失職者、11万人超え／テレワーク　66
働き方改革関連法　67
過労死防止大綱／70歳までの雇用確保、努力義務に　70
2021年春闘　71
最低賃金／裁量労働制　72
フリーランス／雇用保険料の引き上げ　73

教育

GIGAスクール構想／デジタル教科書　74
小学校、全学年で「35人学級」に／教科担任制　75
公立小教員倍率、過去最低に／教員の多忙　76
教員免許更新制、廃止へ／教員の性暴力防止法　77
チェックドリル 医療・福祉、労働、教育　78

環境・国土・交通

パリ協定　80
IPCC 第6次評価報告書／再生可能エネルギー　81
プラスチックごみの海洋汚染／コンビニ使い捨てスプーン、有料や代替に　82
南海トラフ地震　83
福島第一原発処理水の海洋放出　84
川辺川ダム計画、再開へ／線状降水帯　85
熱中症警戒アラート／
　　　　　　　　暑さ指数（WBGT）　86
スペースジェット／
　エア・ドゥとソラシドが
　　　　　　　　　　　　経営統合　87
鉄道に変動運賃導入を検討／
　　　鉄道、手荷物検査が可能に　88
リニア中央新幹線／
　　　　　　　　電動キックボード　89
チェックドリル　環境・国土・交通　90

処理水の海洋放出が決まった福島第一原発

科学・技術

真鍋淑郎氏、ノーベル物理学賞受賞　92
ゲノム編集　93
アルテミス計画／スペースX　94
民間宇宙旅行／H3　95
AI（人工知能）　96
人新世／スパコン「富岳」　97

情報・通信

GAFA／巨大IT企業規制法が施行　98
デジタル課税／トランプ氏のSNSを凍結　99
ヤフーとLINEが経営統合　100
携帯電話料金値下げ／SIMロック、原則禁止に　101
５G（第５世代移動通信方式）／NTTがドコモを完全子会社に　102
楽天、中国テンセントと資本提携／サイバー攻撃　103
チェックドリル 科学・技術、情報・通信　104

文化

世界遺産　106
「世界の記憶」登録に新制度導入　107
ライブ配信市場、
　　　　　　　20年は448億円　108
ゲーム市場にコロナ特需／
　　　　　　　eスポーツ　109
2025年大阪・関西万博／
　　　JASRAC、音楽教室訴訟　110
映画、音楽、文学の主な賞　111

世界文化遺産に登録された三内丸山遺跡

くらし

出生数と婚姻数が戦後最少に／待機児童　112
男性の育休・産休／不妊治療の保険適用　113
生理の貧困／子どもの貧困　114
ノンアルコール飲料の販売増／アルコール量表示　115
食品ロス／埼玉県のエスカレーター立ち止まり義務条例　116
消費者トラブル防ぐ新ルール　117
チェックドリル 文化、くらし　118

スポーツ

東京五輪・パラリンピック　120
感染対策「バブル」／
　　　　　札幌、2030年五輪招致　122
2年ぶり、夏の甲子園開催　123
二刀流・大谷、異次元の活躍／
　　　　　大坂なおみの会見拒否　124
松山英樹、マスターズ制覇／
　19歳笹生優花、全米女子OP制覇　125
山県亮太、100m 9秒95の日本新／
　サッカー、ヘディングでガイドライン　126
照ノ富士が横綱昇進／白鵬、引退　127

13年越しの五輪連覇を達成したソフトボールの日本代表選手たち

社会

成人年齢「18歳」に／18、19歳への措置を厳罰化　128
ネット中傷投稿者特定へ、改正法成立　129
河井夫妻の公選法違反事件／IR汚職事件で実刑判決　130
アスベスト訴訟、国・建材メーカーに賠償責任／
　　　　　　「黒い雨」訴訟、原告勝訴が確定　131
愛知、リコール署名不正／出入国管理法改正案の見送り　132
特例貸し付け、1兆円突破／小中高生の自殺、過去最多に　133
新型コロナで、訪日客急減／時短命令で、東京都を提訴　134
LGBTQ＋／最高裁、夫婦同姓「合憲」判断　135
ストーカー規制法改正、GPS悪用を規制／あおり運転に罰則　136
ヤングケアラー／8050問題　137

マスコミ・広告

広告費、9年ぶりに前年割れ　138
放送事業者の外資規制／個人視聴率　139
コミック、売り上げ過去最大に　140
AMラジオのFM転換／週刊文春、週刊新潮が中づり広告終了　141
（チェックドリル）スポーツ、社会、マスコミ・広告　142

◎必須の一般常識

社会 147〜168
  政治 148　　経済 152　　国際 156
  社会 160　　歴史 163　　地理 166

国語 169〜188
  漢字 170　　四字熟語 176　　慣用句 178
  ことわざ・故事成語 180　　同義語・対義語 182　　文法・敬語 184
  カタカナ語 186

英語 189〜204
  時事英語 190　　英熟語 194　　英文略語 198
  ことわざ・慣用句 200　　文法 203

数学・理科 205〜222
  数学 206　　物理 214　　化学 217
  生物 219　　地学 221

文化・スポーツ 223〜239
  文学史 224　　美術 228　　音楽 230　　映画 232
  サッカー・野球 234　　オリンピック 236　　スポーツ全般 238

本書の内容は2021年10月18日時点の情報に基づいて作成しています。

執筆者：森田圭祐（フリーランスエディター）
デスク：佐藤聖一
編集スタッフ：植村美香、森田圭祐
DTP：服部記子（朝日新聞総合サービス）
校閲：藤井広基、志保井杏奈、山田欽一、川浪史雄、上田詠子（朝日新聞総合サービス出版校閲部）
編集協力：（株）エディポック
写真：朝日新聞社データベース事業部
図版：報図企
装丁＋本文デザイン：神田昇和

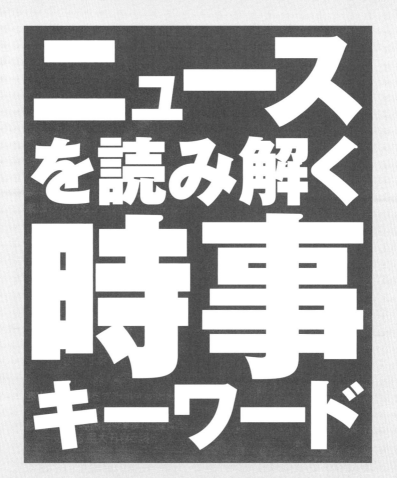

政治

岸田政権発足

2021年10月4日、第100代首相に外相や党政調会長などを歴任した岸田文雄氏が就任した。

岸田首相が直面するのが、コロナ禍への対応と経済活動の再開の両立という難題だ。21年冬にも「第6波」の可能性が指摘される中、臨時の医療施設の開設や大規模宿泊施設の借り上げなどを国が主導して、医療提供体制の逼迫を回避すると訴える。また、公衆衛生の有事への対応を強化するため、司令塔組織「健康危機管理庁」の創設も掲げた。長引くコロナ禍で落ち込んだ経済を立て直すため、数十兆円規模の経済対策も実施する見通しだ。

岸田新首相が訴えてきた主な政策

新型コロナ対応
臨時医療施設の開設や大規模宿泊施設の借り上げを国が主導
感染症の有事に強い司令塔機能を持つ「健康危機管理庁」を新設

社会保障
医療、介護、保育分野の働き手の賃金アップ
フリーランスを含む全ての働き手に社会保険を適用

外交・安全保障
人権問題を担当する首相補佐官を新設
経済安全保障や自由なデータ流通を担う専任大臣を新設

外交・安全保障政策は、過去2代の政権の路線を引き継ぐとみられる。日米同盟を中心に、日米豪印4カ国の枠組み〔●32ページ〕やASEAN（東南アジア諸国連合）などとの連携を掲げた。世論や党内で対中強硬論が強まる中、新疆ウイグル自治区の人権問題〔●41ページ〕を念頭に置いた「人権問題担当官」の新設も打ち出した。15年の慰安婦問題をめぐる日韓合意には外相としてとりまとめに当たっており、「約束は韓国にしっかり守ってもらう」と主張する。

菅義偉首相退任

菅内閣が2021年10月、総辞職した。菅義偉首相の在職日数は384日。菅氏は20年8月に安倍晋三元首相が辞意表明すると、後継を決める自民党総裁選で勝利し、第99代首相に就いた。「国民のために働く内閣」を掲げ、デジタル庁の創設や携帯電話料金の引き下げ、不妊治療への助成拡大などに取り組んだ〔→20、101、113ページ〕。

職員から花束を受け取り、首相官邸を後にする菅義偉首相

一方、コロナ禍での東京五輪〔→120ページ〕の開催など、首相在任中は新型コロナウイルスの感染拡大への対応に追われた。しかし、感染者の増加とともに支持率は下落し、4月の衆参3選挙などで敗北が続いた。衆院選を控え、党内から首相を「選挙の顔」として戦うことを不安視する声が強まると、勝利のめどが立たないとして総裁選への立候補を見送った。

野党共闘

2021年10月の衆院選へ向けて、野党共闘の動きが進んでいる。9月、立憲民主党、共産党、社民党、れいわ新選組の野党4党が、野党共闘を呼びかけている市民団体との政策合意に調印した。同月末には立憲と共産が、立憲が政権を取った場合に限定的な閣外からの協力をすることで一致。この合意を踏まえて両党は小選挙区の野党の候補者一本化を進める。

一方、国民民主党は、支援団体である労働組合の中央組織・連合内に根強い共産への反発があることから、共闘に距離をとる。4党と市民団体の政策合意にも加わらなかった。

改正国民投票法

憲法改正の手続きを定める改正国民投票法が、2021年6月に成立した。投票しやすいよう大型商業施設に共通投票所を設置できるようにし、投票所に入場できる子どもの対象年齢も広げる。

改正法案は18年に提出されたが、安倍政権のもとで改憲への環境が整うことを懸念した立憲民主党などが審議に応じなかった。しかし、安倍晋三氏が首相を退任し、菅義偉氏が首相に就任して審議が進んだ。立憲は、国民投票で改憲案への賛否を呼びかける運動でのCMやネットの規制などについて、「施行後3年を目途に必要な法制上の措置その他の措置を講ずる」とする付則を加えた修正案を提示。自民が受け入れ、改正法が成立した。

自民は憲法改正を発議する環境がほぼ整ったと主張する。一方、立憲は付則に盛り込まれたCM規制などが措置されるまで憲法改正の発議ができない、と強調している。

国民投票法の課題と憲法論議の行方

関連用語 **国民投票法**

憲法96条が規定する憲法改正に必要な手続きを定め、第1次安倍政権の2007年に成立した。衆院100人以上、参院50人以上の賛成で発議された改正原案を両院の憲法審査会で審査し、各本会議で総議員の3分の2以上の賛成により改正案を発議。発議をした日から起算して60日以後180日以内に国民投票を実施し、有効投票の過半数が賛成すれば承認される。

緊急事態条項

戦争やテロ、大規模災害などの非常事態に対処するため一時的に政府に強い権限を与える法的な規定。日本国憲法では定められていない。「憲法9条の改正（自衛隊の明記）」「教育の無償化」「参院選挙区の合区解消」とともに、自民党が2018年にまとめた「改憲4項目」に盛り込まれている。

新型コロナウイルスの感染拡大を受け、感染症も対象に含めて緊急事態条項創設を求める声が自民党など改憲派から出ている。一方、立憲民主党などは「公共の福祉にかなう私権制限は現行憲法でも許されている」などとし、改憲への動きに反対している。

国会召集義務訴訟

憲法53条に定められた臨時国会の召集要求に、内閣が約3カ月間応じなかったことは憲法違反にあたるかが争われた三つの訴訟の判決が出そろった。

問題とされたのは、野党が2017年6月、森友・加計学園問題を審議するため召集を求めた臨時国会で、野党議員らが損害賠償を求めて訴えた。当時の安倍晋三内閣は98日後に召集したが、審議には入らず、冒頭に衆院を解散した。憲法53条は後段で、衆参いずれかの議員の4分の1以上の要求があれば、内閣は臨時国会を召集しなければならないと定めるが、時期についての定めはない。

那覇地裁と岡山地裁は、要求があれば、内閣には合理的な期間内に召集する法的義務があるとした。東京地裁は法的義務の判断を示さなかった。また、いずれも憲法判断はせず、国家賠償を求めた原告側の訴えを退けた。

普天間移設問題

米軍普天間飛行場は沖縄県宜野湾市の真ん中にあり、「世界一危険な米軍基地」といわれる。米兵による少女暴行事件を機に、日米両政府は1996年、県内移設を条件に普天間飛行場の返還を決め

埋め立て工事が進む辺野古沖＝20年３月

た。2002年には国、県、市が移設先として名護市辺野古沖の埋め立て案で合意。06年には両政府が合意した在日米軍再編のロードマップ（行程表）で、14年までの辺野古移設完了を決めた。

09年の衆院選で「最低でも県外」と唱えた民主党政権の誕生後、鳩山政権は県外移設を掲げて見直しを模索したが、10年５月、辺野古移設を受け入れた。こうした経緯に沖縄県民の反発が強まり、実現の見通しが遠のいた。しかし、12年末の自公政権発足を経て、日米両政府は13年４月、嘉手納基地以南の米軍施設を段階的に返還する計画で合意した。

国土の0.6％しかない沖縄県に米軍専用施設の７割が集中しており、県民から「沖縄差別だ」との声があがる。「辺野古移設阻止」を掲げて政府と対立してきた翁長雄志知事が18年８月に急逝し、翁長路線を引き継ぐ前衆院議員の玉城デニー氏が県知事に就任。19年２月には辺野古の埋め立ての是非を問う県民投票（投票率52.48％）が行われ、「反対」が７割超を占めた。

しかし、投票結果に法的拘束力はなく、移設へ向けた工事が進む。だが、海底に軟弱地盤があることがわかった。大規模な改良工事が必要で、完成時期は見通せない。

基地周辺などの土地規制法

　自衛隊基地や原子力発電所の周辺、国境離島などの土地の利用を規制する法（土地規制法）が2021年6月、成立した。
　重要施設の周囲1kmや国境離島を注視区域に指定し、土地や建物の所有者の氏名・住所、利用実態などを政府が調べることができる。特に重要な施設の周辺を特別注視区域とし、一定面積以上の土地や建物の売買には、事前の届け出が必要となる。重要施設や離島の「機能を阻害する行為」について、政府の中止命令に従わない場合は刑事罰を科す。
　政府は、こうした土地が外国人らに買収される事例を念頭に「安全保障上のリスクがある」と同法の必要性を主張する。しかし、調査範囲や罰則の対象行為などがあいまいで、どう定めるかは政令や閣議決定に委ねられており、米軍基地が集中する沖縄などから私権制限への懸念が出ている。

政府、女性リーダー「20年代に30％」

　政府は2020年12月、21年度から5年間の男女共同参画基本計画を閣議決定した。政治家や経営者などのリーダー層を指す「指導的地位」に就く女性の割合目標を「20年代の可能な限り早期に30％程度」と掲げ直した。03年に小泉政権下で設定された「20年までに30％程度」の実現を、最長10年程度先送りした形だ。
　政治分野では「あるべき姿を示す必要がある」として、衆院選、参院選の女性候補者の割合を、25年に35％にする目標を設定。候補者の一定割合を女性に割り当てるクオータ制導入などを政党に求める。18年に議会選挙の候補者をできる限り男女同数にするよう求める候補者男女均等法ができたが、19年参院選の女性候補者の割合は28.1％だった。

デジタル庁発足

　行政のデジタル化などの司令塔となる組織。2021年の通常国会で創設に関連する法律が成立し、9月に発足した。人員は約600人で、事務次官に当たる特別職「デジタル監」の一橋大名誉教授・石倉洋子氏を含めて約200人を民間から採用した。

　1人一律10万円の現金給付の遅れやファクスで感染者のデータを集計するなど、コロナ禍で国内のデジタル行政の遅れが浮き彫りになったことから、菅義偉前首相が20年9月の自民党総裁選でデジタル庁創設を公約に掲げた。行政手続きの押印廃止や、マイナンバーと預貯金口座のひもづけによる公的な給付金のスムーズな受け取りなど、大量の個人情報の利活用を進め、国民や民間企業の利便性向上につなげる。一方で、情報漏洩や、個人情報の目的外の悪用などへの懸念もある。

日本はデジタル化で遅れている

日　本		先　行　国
各省庁や自治体がばらばらに構築し連携しにくい	システム	電子政府戦略を担う組織が縦割りの弊害排除
オンラインで完結できないものが複数ある	行政手続き	北欧や韓国などは大半でオンライン化
支援金の申請が複雑で支払いまでに時間も	コロナ禍	支援金はスマホなどで簡単に申請できる
接種記録システムの使い勝手が悪く集計に手間取る	コロナワクチン	医療情報を一元管理するシステムで接種を急ぐ
「デジタル敗戦」の状況		デジタル庁が司令塔として対応へ

関連用語　デジタル格差

　パソコンやスマートフォン、インターネットなどの情報通信技術（ICT）を使える人と使えない人の間に生じる格差のこと。若者らがモノやサービスをネットで手軽に買う一方で、スマホを持っていない高齢者も多い。新型コロナウイルスのワクチン接種の予約では、ネットが使えないため電話をかけたがつながらないケースも目立った。国や自治体は講習会などで支援しようとするが、格差の解消は簡単ではない。

マイナンバーカード

　日本の全住民に割り振られる個人番号のマイナンバーが記載されたカードで、住民の申請により交付される。顔写真や氏名、住所、生年月日なども示され、身分証明書として利用できる。税金や社会保障などの手続きでも利用される。

　新型コロナウイルス対策で全住民に一律10万円を給付する特別定額給付金支給では、カードを使ったオンライン申請が導入されたが、カードの交付率の低迷やシステムの未整備で後手に回ったことから、政府はカードの普及を急ぐ。

　交付率は2021年8月時点で35％ほどで、政府は22年度末にほぼ100％を目指している。マイナンバーカードを持つ人に最大5千円分のポイントを与える政府の「マイナポイント」事業を実施。21年3月からは健康保険証として利用を開始したほか、24年度末をめどに運転免許証と一体化させる。

IR＝カジノを含む統合型リゾート

　カジノを含む統合型リゾート（IR=Integrated Resort）は、国際会議場やホテルを集めた施設で、カジノを設けて海外からの集客力を高め、収益性を上げる。国内にIRをつくるための実施法が2018年7月、成立した。懸念されるギャンブル依存症への対策も盛り込まれた。

　政府は20年12月、整備する地域を決める基準などを示した基本方針を正式決定した。自治体からの申請を受け付け、国土交通相が最大3地域を選ぶ。開業時期は20年代後半の見通し。IRをめぐる汚職事件〔⬇130ジ〕が起きたことから、事業者との接触ルールの作成を義務づけた。大阪府・市や横浜市、和歌山県、長崎県が誘致を表明しているが、横浜市は21年8月に就任した山中竹春市長が撤回を表明した。

こども庁

教育や福祉など、子どもに関連する課題に一元的に取り組む行政組織。例えば、いまは、保育園は厚生労働省、幼稚園は文部科学省と管轄が分かれ、虐待や貧困などは警察庁、総務省にもまたがっている。自民党の「『こども・若者』輝く未来創造本部」で創設へ向けた議論が進むほか、政府も組織のあり方を2021年末にまとめる方針。菅義偉氏の看板政策で検討が進められていたが、首相退任を受け、議論の行方は見通せない。

キャリア官僚志望者の減少

若者の官僚離れが加速している。中央府省庁の幹部候補となる総合職（キャリア）の2021年度の国家公務員採用試験の申込者数は、前年度比14.5％減の1万4310人だった。減り幅は過去最大。申込者数も最少で、5年連続の減少となった。深夜や休日に及ぶ長時間労働が問題視される職場環境が、学生に敬遠される背景になった可能性がある。

進む若者の国家公務員離れ
退職者数と辞めたい理由は内閣人事局、採用試験申し込みは人事院の調査

国家公務員（総合職）の採用試験申し込みと若手の自己都合退職

将来的に辞めたいと思う主な理由
30歳未満の総合職

	男性	女性
自己成長できる別の仕事につきたい	49.4%	44.4
長時間労働	34.0	47.0
収入が少ない	39.7	28.1

若手の退職者数の増加も問題だ。19年度の20代の中央省庁の総合職の自己都合退職者は86人で、13年度の4倍になった。アンケートでは、30歳未満の国家公務員で男性は14.7％、女性でも9.7％が数年以内の辞職の意向を示している。

ふるさと納税

ふるさと納税は、個人が自分で選んだ自治体に寄付すると、払う税金が減るという制度。第1次安倍政権が打ち出し、2008年度に始まった。

20年度の寄付額は過去最高の6724億円となり、前年を4割上回った。寄付件数も前年の1.5倍の3488万件で過去最高。コロナ禍の「巣ごもり消費」を背景に、返礼品を求める動きが目立つ。寄付額日本一は、135億円の宮崎県都城市。肉や焼酎などが注目され、最初の緊急事態宣言が出てから寄付が急増した。また、返礼品にあてる金額は寄付額の3割以下にするルールがあるが、調達費の割合は26.5%だった。

住民が寄付することで、お金が出ていく自治体もある。最大は横浜市で176億円、名古屋市は106億円、大阪市は91億円の税額控除があった。

東京都議選

東京都議選が2021年7月に投開票された。自民党は33議席を獲得して第1党となったものの、選挙協力した公明党（23議席獲得）と合わせても過半数の64議席に届かなかった。自民は、当初は50超の議席獲得との見方もあったが、過去2番目の歴史的な低さだった。ワクチン接種の遅れや東京五輪〔→120ページ〕の観客問題で自公政権への批判が高まったことが影響したとみられる。

一方、前回17年の選挙で小池百合子知事が率いた地域政党・都民ファーストの会は、告示前の45議席から減らして第1党の座は守れなかった。ただ、惨敗も予想されたが、自民に次ぐ31議席を獲得して第2勢力となった。投票率は42.39%（獲得議席数は7月5日時点）。

日本の領土問題

尖閣諸島

　沖縄県八重山諸島の北約170kmに散在する五つの島と岩礁の総称で、中国名は「釣魚島」。日本政府は1895年に閣議決定で領土に編入し、沖縄県の一部とした。戦後、1972年の沖縄返還に伴い米国から日本に返還された。68年、周辺に石油資源が埋蔵している可能性が判明すると、70年代以降、中国と台湾が「古来の領土」と主張し始めた。実効支配する日本は、「領土問題は存在しない」との立場だ。

　近年、中国公船などが領海侵犯を繰り返している。2010年9月には、中国漁船が尖閣諸島近海で海上保安庁の巡視船に衝突する事件が起きた。東京都の石原慎太郎知事（当時）は12年4月、「日本の国土を守る」として、尖閣諸島の魚釣島、北小島、南小島を都が購入する方針を表明。これを受け、当時の野田政権が同9月に国有化した。これに中国側は猛反発。国有化以降、中国の海洋監視船や漁船が尖閣周辺を常時航行しており、接続水域や領海への侵入を繰り返している。

竹島

　日本海に浮かぶ総面積約0.21km²の小島と岩礁で、日本と韓国が「固有の領土」と主張している。韓国名は「独島（トクト）」。日本は1905年、閣議決定を受けて島根県知事が県所属とする告示を出したことを根拠にしている。一方、韓国は、日本が同じ年に韓国から外交権を奪い、5年後に併合した経緯から無効と主張。52年、「李承晩（イスンマン）ライン」を設定し、実効支配している。

　韓国の国会議員らがたびたび訪問していたが、2012年8月には現職大統領として初めて李明博（イミョンバク）大統領（当時）が上陸した。上陸を受けて、日本政府は国際司法裁判所（ICJ）へ

の共同提訴を韓国政府に提案したが、拒否された。島根県が開く「竹島の日」記念式典（2月22日）など竹島関連の出来事があるたびに、韓国は抗議を続けるなど、対立が続く。

北方領土

国後島、択捉島、色丹島、歯舞群島からなり、面積は千葉県ほどの広さ。戦前は約1万7千人の日本人が暮らしていたが、1945年8～9月、第2次世界大戦で日本がポツダム宣言を受諾して降伏した後にソ連が占領した。日本は「固有の領土」として返還を求めているが、ロシアは「大戦の結果としてソ連に移った」と主張し、実効支配している。

2018年11月、安倍晋三首相（当時）とプーチン・ロシア大統領が会談し、1956年の日ソ共同宣言を基礎に平和条約交渉を加速させることで合意した。56年宣言は平和条約締結後に歯舞群島、色丹島の2島を引き渡すと明記している。日本は北方四島の一括返還を求めていたが、2島の先行返還を軸に進める方針に転換した。しかし、ロシアが「合法的にロシアに移ったと認めることが前提」と主張するなど、意見の隔たりは大きい。20年7月のロシアの憲法改正では「領土の割譲禁止」も盛り込まれ、交渉は頓挫したままだ。

日本の領土問題

北方領土
領有権を主張している国:日本、ロシア
実効支配をしている国:ロシア

尖閣諸島
領有権を主張している国・地域:日本、中国、台湾
実効支配をしている国:日本

竹島
領有権を主張している国:日本、韓国
実効支配をしている国:韓国

日本国憲法のポイント

◆日本国憲法

大日本帝国憲法（明治憲法）に代わって1946年11月3日公布、47年5月3日施行された現在の憲法。前文と11章103条からなる。

◆基本原理

国民主権、平和主義、基本的人権の尊重。

（大日本帝国憲法の特徴：①欽定憲法②天皇大権③法律で制限された人権④国会は天皇の協賛機関⑤天皇の名において裁判⑥内閣は天皇の輔弼機関⑦天皇の発議による憲法の改正、など）

◆国民主権

国家の政治権力は国民に由来するため、国家の政治のあり方を最終的に決定する権力は国民にあるという考え方。

◆平和主義

平和に第一義的な価値を置く世界観。

◆基本的人権

すべての人間が生まれながらに持っている侵すことのできない永久の権利。個人として尊重され、公共の福祉に反しない限り、立法その他の国政の上で、最大限に尊重される。具体的には、自由権、社会権、平等権、参政権などがある。

◆天皇の地位（1、4条）

天皇は日本国の象徴であり、日本国民統合の象徴であって、その地位は主権の存する日本国民の総意に基づく。天皇の職務は儀礼などにとどまり、国政に関する権能は持っていない。

◆戦争の放棄（9条）

「国権の発動たる戦争と、武力による威嚇又は武力の行使は、国際紛争を解決する手段としては、永久にこれを放棄する」とし、戦力不保持と交戦権の否認を定めている。

◆個人の尊重、幸福追求権（13条）

生命、自由および幸福追求に対する国民の権利については、公共の福祉に反しない限り、立法その他の国政の上で最大の尊重を必要とする。

◆国民の三大義務（26、27、30条）

教育の義務、勤労の義務、納税の義務。

◆三権分立（41、65、76条）

権力の濫用を防ぐため、国家の政治権力を立法権、行政権、司法権に分け、国民の自由や権利を保障しようとする仕組み。

◆国会の地位、立法権（41条）

国権の最高機関であり、国の唯一の立法機関。

◆二院制（42条）

議会が二つの議院で構成されている制度。日本は衆議院と参議院で国会を構成している。一つの合議体は一院制。

◆選挙権と被選挙権（15、44条）

選挙権は満18歳以上の男女が有

する（年齢は公職選挙法の規定）。被選挙権は、衆議院議員は満25歳以上の男女。参議院議員は満30歳以上の男女。

◆議員の任期（45、46条）
　衆議院議員は4年。参議院議員は6年で、3年ごとに半数を改選。

◆衆議院の優越（59、60、61、67条）
　国会の議決は、衆参両院一致の議決によるが、法律案や予算案の議決、条約の承認、内閣総理大臣の指名などの議決で衆参両院の議決が異なったとき、衆議院の議決（法律案は再可決）を国会の議決とすることができる。また、予算を先に衆議院に提出する予算の先議権も有している。

◆国政調査権（62条）
　両議院はそれぞれ国政に関する調査を行い、証人の出頭や証言、記録の提出を要求することができる。

◆内閣（65、73条）
　行政権を担当する最高の合議機関。内閣総理大臣とその他の国務大臣で構成される。また、内閣は一般行政事務のほか、次の事務を行う。①法律を誠実に執行し、国務を総理する②外交関係の処理③条約の締結④法律の定める基準に従い、官吏に関する事務を掌理する⑤予算を作成し、国会に提出⑥政令の制定⑦大赦、特赦、減刑、刑の執行の免除および復権の決定。

◆内閣総理大臣と国務大臣（66、67、68条）
　内閣の首長であり、行政の最高責任者である内閣総理大臣は、国会議員の中から国会の議決で指名され、天皇によって任命される。国務大臣は内閣総理大臣が任命する。すべて文民であり、過半数は国会議員でなければならない。

◆内閣不信任と解散・総辞職（69条）
　内閣は衆議院で不信任の決議案が可決されるか、信任案が否決され、10日以内に衆議院が解散されないときは、総辞職しなければならない。

◆司法権（76条）
　司法権は最高裁判所と下級裁判所に属する。大日本帝国憲法下にあった特別裁判所の設置は認めていない。行政機関は、終審として裁判できない。

◆国民審査（79条）
　最高裁判所の裁判官は、国民の直接投票による審査を受ける。任命後最初の総選挙時に審査され、その後は10年経過するごとに審査される。投票者の多数が罷免を可とする裁判官は罷免される。

◆違憲立法審査権（81条）
　最高裁判所は、一切の法律や命令、規則または処分が憲法に適合するかしないかを決定する権限を持つ「終審裁判所」である。

◆憲法の改正（96条）
　憲法の改正は、各議院の総議員の3分の2以上の賛成で国会が発議し、国民投票または国会の定める選挙の際に行われる投票で過半数の賛成を必要とする。承認を経たとき、天皇は国民の名で公布する。

時事問題

政治

✓ チェックドリル

Question	Answer
1 2021年10月に第100代首相に就任したのは誰か。	1 岸田文雄
2 憲法改正に必要な手続きを定めた法律を何というか。	2 国民投票法
3 憲法改正の手続きを定めた憲法の条文は第何条か。	3 96条
4 自民党の改憲4項目の一つで、戦争やテロ、大規模災害などの非常事態に対処するため一時的に政府に強い権限を与える法的な規定を何というか。	4 緊急事態条項
5 臨時国会の召集について定めた憲法の条文は第何条か。	5 53条
6 沖縄県宜野湾市にある米軍普天間飛行場の移設地はどこか。	6 名護市辺野古
7 2021年10月現在の沖縄県の県知事は誰か。	7 玉城デニー
8 政府が2020年12月に閣議決定した21年度から5年間の男女共同参画基本計画で、指導的地位に就く女性の割合目標は2020年代の可能な限り早期に何％程度を目指すとしているか。	8 30%

Question	Answer
9 2021年9月に発足した行政組織は何か。	9 デジタル庁
10 住民の申請により交付される、日本の全住民に割り振られる個人番号が記載されたカードを何というか。	10 マイナンバーカード
11 カジノを含む統合型リゾートの英略語は何か。	11 IR（Integrated Resort）
12 個人が自分で選んだ自治体に寄付すると、払う税金が減る制度を何というか。	12 ふるさと納税
13 12で、2020年度に最も多く寄付を集めた自治体はどこか。	13 宮崎県都城市
14 個人の尊重や幸福追求権を規定した憲法の条文は第何条か。	14 13条
15 2021年7月の東京都議選で第2党となった政党はどこか。	15 都民ファーストの会
16 日本と韓国が「固有の領土」と主張する、日本海にある島を何というか。	16 竹島
17 北方領土は、択捉島、国後島と、あと二つは何か。	17 色丹島、歯舞群島
18 憲法第1条で、天皇の地位は日本国民の何に基づくとされているか。	18 総意

国際関係

バイデン政権発足

2021年1月、バイデン氏が米国第46代大統領に就任した。

バイデン氏は就任演説で、「米国は同盟関係を修復し、世界に再び関与する」と宣言。トランプ前大統領の「米国第一」から脱却し、国際協調路線に回帰する姿勢を明確にした。就任当日、地球温暖化対策の国際枠組み「パリ協定」〔→80ページ〕への復帰や、世界保健機関（WHO）からの脱退手続き中止を決定し、トランプ政権の政策から大きく転換した。

経済面では、コロナ禍で落ち込んだ経済の立て直しへ向け、野心的な政策を打ち出した。1月、国民1人あたり1400ドル（約15万円）の直接給付金を柱とする総額1.9兆ドル（約200兆円）にのぼる追加経済対策の実施法案を打ち出すと、3月には8年間で2兆ドル超という巨額のインフラ投資案を発表した。大規模な財政政策で経済復興を図る。

一方、大統領選や就任演説で繰り返し訴えた社会の分断の修復は、道筋が見えない。アジア系市民へのヘイトクライムなど人種をめぐる問題や銃規制、移民問題で国内は二分され、分断解消はなお遠い。新型コロナ対策でも、マスク着用やワクチン接種の義務化をめぐる対立が生まれている。

米国内などの問題へのバイデン政権の対応と課題

【新型コロナ】
- 対応：就任から100日間までに2億回のワクチン接種を達成
- 課題：ワクチンの接種やパスポートをめぐり党派対立が顕在化

【移民問題】
- 対応：イスラム圏やアフリカなど13カ国からの入国制限撤廃
- 課題：メキシコとの国境で未成年ら移民希望者が増加

【銃規制】
- 対応：大統領権限で一部の銃器の身元確認を強化
- 課題：抜本的な銃規制強化は実現のめど立たず

【人種問題】
- 対応：初の黒人の国防長官など、政権中枢にマイノリティーを多く起用
- 課題：警察官による黒人射殺が続発・アジア系市民へのヘイトクライムが頻発

【気候変動】
- 対応：パリ協定に復帰・40の国・地域が参加した気候変動サミットを開催
- 課題：温室効果ガス排出削減の目標を達成するための具体策

警察官による黒人射殺の続発も大きな課題

トランプ氏、2度目の弾劾「無罪」

米連邦議会議事堂の襲撃事件をめぐり、「反乱の扇動」で訴追されたトランプ前大統領の弾劾裁判は2021年2月、無罪に終わった。トランプ氏は、20年11月の大統領選の投票結果を確定させるために上下両院合同会議が開かれた21年1月、支持者に向けて「大差で（大統領選に）勝った」と虚偽を述べ、「死にものぐるいで戦わなければ、この国はこれ以上もたない」と強調し、議事堂での抗議を呼びかけた。その後、支持者が議事堂を襲撃し、警察官ら5人が死亡した。民主党が過半数を占める下院は支持者らを扇動したとして、トランプ氏を弾劾訴追していた。

トランプ氏は無罪となったが、19年12月にもバイデン氏らのスキャンダルを調べるよう、ウクライナ大統領に圧力をかけた疑惑で弾劾訴追されている。2度弾劾された米大統領は初めて。

ヘイトクライム（憎悪犯罪）

人種や民族、宗教、性別など、特定の集団に属する人々に対する憎悪から引き起こされる犯罪。新型コロナウイルスの感染が拡大した2020年3月以降、米国でアジア系市民に対するヘイトクライムが増加している。人権団体「ストップAAPIヘイト」によると、20年3月から21年3月までの1年強で、差別的な発言や暴行を受けたとする報告が6603件寄せられた。被害者は中国系が43.7％で最も多い。

犯罪の増加を受け、21年5月、バイデン大統領がアジア系住民に対するヘイトクライムへの対策法案に署名し、同法が成立した。ヘイトクライムを通報するシステムの整備や警察官への研修の支援などを盛り込んでいる。

QUAD

　日本、米国、オーストラリア、インドの4カ国が安全保障などで協力する枠組み。「4」を意味する英語にちなんで、QUAD(クアッド)と呼ばれる。日本が中国を念頭に提唱する「自由で開かれたインド太平洋」(FOIP)を実現するために、民主主義の価値観を共有する4カ国で様々な協力をする。

　インド太平洋地域で、軍事的にも経済的にも台頭する中国に対抗するのが狙い。安倍晋三元首相が第1次政権で提唱したが、当時は4カ国の足並みがそろわなかった。しかし、第2次安倍政権の発足後、17年に局長級会談、19年に外相会談が実現し、21年3月の首脳協議に発展した。QUADが発展するにつれ、中国は警戒感を強めている。

「対中国」4カ国の立ち位置

日本
経済関係を重視しつつも、尖閣諸島周辺への領海侵入などで緊張

米国
台頭を見据え、同盟国や友好国と関係強化

オーストラリア
関係が極度に悪化。QUADの枠組みでの対中圧力を歓迎

インド
国境問題を抱えるが、「対中包囲網」の形成には消極的

米台接近

　米国のバイデン政権が、台湾支援を強めている。2021年2月の習近平・中国国家主席との電話協議で台湾の現状に深い懸念を表明。4月には米国務省が米台の当局者同士の接触規制を緩和する新しい指針を策定した。トランプ前政権は大国間競争の一環として台湾問題をとらえていたが、バイデン政権は台湾自身の権利の問題ととらえ、民主主義や人権を強化・支援する必要があるとの考えの違いがある。6月に英国で開かれたG7サミットでは、米国の強い意向により、首脳宣言に「台湾海峡の平和と安定の重要性」が盛り込まれた。

SDGs（持続可能な開発目標）

　2015年9月の国連サミットで採択された、すべての加盟国が30年までに取り組むことを決めた国連の持続可能な開発目標（SDGs=Sustainable Development Goals）。「地球上の誰一人として取り残さない」を共通の理念に、極度の貧困と飢えをなくすなどの従来の開発目標に加え、ジェンダーの平等や良好な雇用環境づくり、生産と消費の見直しなど、17分野からなる。

　国連は01年に開発指針「ミレニアム開発目標」（MDGs）を策定。貧困・飢餓の撲滅、初等教育の完全普及、女性の地位向上などを図った。だが、内容は先進国が決めており、途上国からは反発もあった。SDGs では目標づくりから途上国も参画。グローバル化した世界では途上国への開発支援だけでは問題が解決しないとの認識のもと、ジェンダー平等の達成など、先進国が国内で取り組む課題も新たに盛り込まれた。

核兵器禁止条約が発効

　核兵器禁止条約が2021年1月に発効した。

　17年7月に国連で採択された同条約は、核兵器の使用、開発、実験、保有、移転などを幅広く禁じ、核使用をちらつかせる脅しも禁じる。条約づくりを推進した国際NGO「核兵器廃絶国際キャンペーン」（ICAN）は17年のノーベル平和賞を受賞した。

　20年10月、条約を批准した国・地域が50に達して発効の条件を満たし、90日後に発効した。だが、核保有国は一貫して反対し、「核の傘」に依存する日韓やドイツも背を向ける。条約の法的拘束力が及ぶ批准国を増やし、今後いかに実効性を高められるかが問われる。

ロシア下院選で与党圧勝

　ロシア下院選が2021年9月にあり、プーチン大統領の与党統一ロシアが3分の2超の議席を獲得した。「体制内野党」と呼ばれる共産党、自由民主党、公正ロシアの3党が残りの議席をほぼ独占し、政権の議会支配は維持された。

　20年の憲法改正で、自身の任期をさらに2期継続可能にしたプーチン氏にとって、下院選は次の大統領選がある24年に向けて内政の安定化を図る狙いがあった。反政権派指導者アレクセイ・ナワリヌイ氏が率いる団体を過激派組織に認定して、関係者の被選挙権を剥奪するなど、事前に徹底して反政権派を排除して臨んだ。ただ、前回の下院選からは議席を減らし、プーチン氏には不安の残る結果となった。

弾圧続くベラルーシ

　強権体制が続く旧ソ連ベラルーシで、ルカシェンコ大統領に対する抗議活動への弾圧が続く。1994年に大統領に就任したルカシェンコ氏は、強権体制を固めて2020年夏に6選を果たした。しかし、大統領選は不正が指摘され、抗議デモが行われた。だが、政権はデモ参加者を拘束し、厳しい判決を下している。また、21年5月にギリシャからリトアニアに向かっていた旅客機がベラルーシで強制着陸させられ、搭乗していた反政権派ジャーナリストが拘束された。8月には、東京五輪〔●120ﾍﾟ〕に出場した陸上の女子選手がコーチを批判したところ帰国を命じられ、投獄を恐れてポーランドに亡命する出来事があった。

　米国や欧州連合（EU）が制裁を科しているが、ルカシェンコ政権は自身の体制維持をはかり、擁護するロシアへの傾斜を強めている。

イラン、保守強硬派ライシ師が大統領に

　2021年6月のイラン大統領選で、イスラム法学者で保守強硬派のエブラヒム・ライシ司法長官が初当選し、8月に就任した。2期8年続いた保守穏健派のロハニ政権は米国に対して融和的だったが、ライシ師の新政権では外交方針が大きく転換する可能性がある。

　喫緊の課題は、米国のトランプ前政権が18年に離脱した核合意をめぐる交渉だ。イラン経済の苦境を招いた制裁の解除には核合意の復活が不可欠で、ライシ師は米国との間接協議を継続させる方針だ。ただ、双方の立場には深い隔たりがあり、協議は21年6月を最後に途絶えている。また、ライシ師はパレスチナ自治区ガザ地区を実効支配するイスラム組織ハマスの幹部らと電話会談し、パレスチナ解放まで支援を継続すると約束した。イスラエルとの敵対関係は続きそうだ。

シリア内戦

　2011年春、中東に広がった民主化運動「アラブの春」に端を発したシリアの反体制運動に対するアサド政権の武力弾圧を引き金に、シリア内戦が勃発した。周辺国や大国が介入。さらに、過激派組織「イスラム国」(IS)やクルド人勢力なども入り乱れ、戦闘が続いた。だが、15年9月に政権の後ろ盾となるロシアが軍事介入すると、戦況は一変し、アサド政権の軍事的優位が固まった。一時、国土の約4割を支配したISはすべての拠点を失った。

　しかし、和平実現に向けた道のりは見通せず、市民の窮状が続く。内戦の泥沼化で38万人以上が命を落とし、1300万人以上が国の内外に逃れた。「今世紀最悪の人道危機」と呼ばれる。

イスラエルで政権交代

　2021年6月、イスラエルで野党8党による連立政権が発足し、新首相に極右政党ヤミナ党首のベネット元国防相が就任した。

　ベネット氏は米国から移住した両親の元に生まれた熱心なユダヤ教徒で、米国でハイテク企業を興した。パレスチナ問題では強硬な態度で知られる。しかし、連立政権は「反ネタニヤフ」を旗印に、中道や左派、アラブ系政党が参加して実現した。パレスチナ問題で強硬な姿勢を取れば、連立が崩壊する恐れもあり、和平交渉の進展も期待できそうにはない。

　イスラエルでは、歴代最長の連続12年に及んだネタニヤフ氏の首相続投をめぐって政界が分裂し、2年間に4度の総選挙が行われる混乱が続いていた。21年3月の総選挙でネタニヤフ氏率いる右派リクードが第1党になったが、組閣に失敗。保守層から支持を得る一方、強硬な政治姿勢への反発もあり、ネタニヤフ氏は退陣に追い込まれた。

ガザで武力衝突

　2021年5月、イスラエル軍とパレスチナ自治区ガザの武装勢力との衝突が起きた。ガザ地区を実効支配するイスラム組織「ハマス」がロケット弾を発射すると、イスラエル軍が同地区を空爆。ガザ地区で250人以上の死者が出た。同月、エジプトなどの仲介で停戦に入った。しかし、長期的な停戦をめぐる協議は難航しており、6月以降、ハマスから発火装置が積まれた風船が放たれたことなどに対し、報復としてイスラエル軍は空爆を繰り返している。

　ガザでは14年にも紛争が起き、空爆と地上侵攻で2千人以上のパレスチナ人が死亡している。

キューバ、カストロ時代に幕

　一党支配するキューバ共産党トップのラウル・カストロ氏が2021年4月、国家元首をしのぐ最高権力者である党第1書記を退き、政治の表舞台から引退した。後任にはディアスカネル大統領が就任した。

　ラウル氏は兄フィデル氏、アルゼンチン人医師のチェ・ゲバラ氏らと1959年のキューバ革命を主導。革命後は国防相や党第2書記を歴任した。2011年までにフィデル氏から権力を引き継ぐと、市場経済の拡大などの改革を実行。敵対を続けてきた米国とは15年に国交正常化を果たした。

　キューバは、米国による制裁や新型コロナの打撃などでガソリンや食料品が不足し、ソ連崩壊後の1990年代に匹敵するといわれる経済危機に直面する。一方でSNSの利用が広がり、経済危機の中で市民は政府への抗議を広める手段を手にした。ディアスカネル氏は、困難な舵取りを迫られる。

ペルー大統領に急進左派

　2021年7月、決選投票となった南米ペルーの大統領選で、小学校教員で労働組合活動家の急進左派、ペドロ・カスティジョ氏の当選が確定した。アルベルト・フジモリ元大統領の長女で日系3世のケイコ・フジモリ氏は当選を逃した。

　大統領選は4月に第1回投票があり、得票率上位の2人が決選投票に進んだ。決選投票ではカスティジョ氏が50.13％、ケイコ氏が49.87％の票を集めた。新型コロナウイルス感染拡大で貧困層や地方の人々が打撃を受ける中、カスティジョ氏は既存政治を批判し、格差是正を訴えて支持を集めた。ケイコ氏陣営は「カスティジョ氏陣営の組織的な不正」を主張したが、認められなかった。

アフガン、タリバン復権

アフガニスタンで2021年8月、反政府勢力タリバンが首都カブールを制圧した。ガニ大統領は国外へ脱出し、政権は崩壊した。

01年の米同時多発テロを契機に始まった戦いが泥沼化する中、トランプ前米大統領がタリバンとの協議を始め、20年2月に米軍の段階的撤退で合意した。この合意の枠組みを維持したバイデン大統領は21年4月、米同時多発テロから20年となる21年9月11日までに、駐留米軍を完全撤退させると表明。5月から撤収作業を本格化させた。一方、タリバンは5月以降、各地の掌握を進めた。8月に一斉攻撃を始めると、米軍に頼ってきた政府軍の統率は一気に崩れた。

タリバン主導の国家運営が始まれば、アフガニスタンがイスラム過激派の温床になりかねないとの懸念が国際社会で強まっている。米国では撤退の混乱への批判が噴出し、バイデン大統領の支持率は就任以来最低を記録した。

タリバンをめぐる主な出来事

1994年	内戦下、イスラム教指導者がタリバン設立
96年	首都カブールを制圧し、政権を樹立
2001年9月	国際テロ組織アルカイダによる米同時多発テロ
10月	アルカイダをかくまっているとして米などが空爆開始
12月	タリバン政権崩壊
05年ごろから	タリバンが自爆テロで勢いを取り戻す
11年5月	米軍がアルカイダのビンラディン容疑者を殺害
19年1月	米とタリバンが米軍撤退をめぐって大筋合意
20年2月	トランプ政権がタリバンと米軍の段階的撤退で合意
21年7月	バイデン米大統領が8月末までの完全撤退を正式表明
8月	タリバンが首都カブールを制圧。ガニ大統領は国外へ脱出

関連用語 **タリバン**

「イスラム宗教学校の学生たち」の意味。アフガニスタンがソ連軍侵攻とその後の内戦で混乱する中、勢力を伸ばし、1996年に首都を制圧して政権を樹立した。イスラム法による統治を掲げて女子教育の禁止や仏像の破壊など極端な施策を続けた。2001年9月の米同時多発テロを起こした国際テロ組織アルカイダを保護したとして、米英軍は10月、タリバン政権への軍事攻撃を開始。12月に政権崩壊すると、反政府勢力に転じた。

ポスト・メルケル

　ドイツで約16年間務めたメルケル首相の後任を争う連邦議会選挙（総選挙）が、2021年9月に行われ、引退するメルケル首相後継のラシェット氏が率いる中道右派のキリスト教民主・社会同盟は、過去最低の得票率で敗北した。ただ、第1党となった中道左派の社会民主党との差はわずかで、双方が政権樹立を目指す。

　メルケル政権の16年のうち、政策も支持基盤も違う両党が計12年で「大連立」を組んだ。今回は、大連立以外では3党が連立しなければ政権ができない。連立交渉は数カ月かかるとみられ、その間はメルケル氏が首相を務める。

ミャンマーでクーデター

　ミャンマー国軍が2021年2月、クーデターを起こした。政権与党・国民民主連盟（NLD）を率いるアウンサンスーチー国家顧問らを拘束した。

　NLDは11年の民政移管を経た15年の総選挙で勝利し、約半世紀に及んだ軍の政治支配に終止符を打った。国軍の影響力をそぐため、国会の議席の4分の1を「軍人枠」としている憲法の改正に乗り出し、20年の総選挙でも公約に掲げて改選議席の8割を超す議席を得た。この勢いに国軍は危機感を抱いたとみられる。

　国軍側は21年8月、暫定政府を発足させた。ミンアウンフライン最高司令官が首相に就任し、総選挙を23年8月までに実施すると表明した。総選挙の表明には、国際社会の批判をかわす思惑もありそうだ。国軍は抗議する市民を激しく弾圧しており、半年間で1千人近くが犠牲になった。しかし、抵抗はやまず、社会や経済の混乱が続いている。

香港国家安全維持法と民主派弾圧

　香港で、香港国家安全維持法（国安法）に基づく民主派の弾圧が続く。国安法は香港での反体制的な言動の取り締まりを狙って、中国の全国人民代表大会（全人代）で2020年6月に成立、即日施行された。国家分裂や政権転覆、テロ活動、外国勢力との結託・海外勢力による国家の安全への危害などについて、無期懲役以下の刑事罰を科す。中国政府は香港に「国家安全維持公署」を新設し、外国勢力が絡む複雑な事件などは同署が管轄するなど、指導を強めている。

　国安法制定の背景には、容疑者の身柄を中国本土に引き渡すことを可能とする逃亡犯条例改正案をめぐり、19年に起きた大規模デモに危機感を強めたことがあった。しかし、香港返還時の「高度な自治を香港に認め、従来の制度や生活様式を50年は変えない」という約束に反した、一国二制度を骨抜きにする内容だ。

　施行後1年で、民主派議員や活動家、中国共産党・政府に批判的な香港紙「リンゴ日報」の編集幹部らが次々と逮捕されてきた。リンゴ日報は資産の凍結や威嚇などにより、21年6月に廃刊に追い込まれた。選挙制度も「愛国者」でなければ立候補すらできない仕組みに変えられた。21年12月の立法会（議会）選、さらに22年3月の行政長官選で、中国政府に批判的な民主派が選挙に出られる余地はほぼない。

関連用語　**一国二制度**

　アヘン戦争を経て英国の植民地となった香港が1997年に中国に返還されるにあたり、50年間は資本主義を採用し、社会主義の中国と異なる制度を維持することが約束された。外交と国防をのぞき、「高度な自治」が認められている。香港の憲法にあたる基本法には、中国本土では制約されている言論・報道・出版の自由、集会やデモの自由、信仰の自由などが明記されている。

中国・海警法

　東シナ海などでのパトロールを担う中国海警部隊の活動について定めた海警法が2021年1月に成立、同2月施行された。中国側が現場で危険と判断すれば、「武器使用を含むすべての必要な措置」がとれるなどとした内容。法執行が及ぶ範囲については、領海や接続水域、排他的経済水域（EEZ）に加え、「中国が管轄するその他海域」と規定。適用範囲をあいまいにすることで、自国の都合の良い解釈を可能にする内容だ。日中間で対立が続く尖閣諸島〔➡24ページ〕周辺や、ベトナムなどと領有権を争う南シナ海での活動を強く意識しており、周辺国は中国の動向に緊張を高めている。

ウイグル人権問題

　ウイグル族は、中国に約1千万人いるとされるトルコ系少数民族。多くはイスラム教徒で、中華民国時代の1930〜40年代に「東トルキスタン」建国を目指す動きが起きるなど、歴史的にも漢族との確執を抱えてきた。2009年には、新疆ウイグル自治区ウルムチでウイグル族と漢族が衝突し、2千人近い死傷者が出た。

　中国でウイグル族に対して深刻な人権侵害が続いているとして、批判が高まっている。米国は、強制収容所に拘束されているウイグル族などイスラム教徒の少数民族は17年4月以降、100万人以上にのぼると指摘。中国当局はウイグル族らに対して強制失踪や拷問、身体的虐待を加えていると批判する。中国は一貫して弾圧を否定するが、欧州連合（EU）が1989年の天安門事件以来となる中国当局者らへの制裁を発動するなど、欧米各国は中国への圧力を強める。22年北京冬季五輪のボイコットを求める声も出ている。

徴用工問題で続く日韓対立

 日韓関係が、1965年の国交正常化以降、最悪ともいわれる状態が続いている。きっかけは、2018年秋に韓国の大法院(最高裁)が出した元徴用工訴訟の判決だ。国交正常化の際に結んだ日韓請求権協定で、請求権問題は「完全かつ最終的に解決されたことを確認する」としている。だが、判決は「日本企業の反人道的な違法行為」で、慰謝料請求権は協定の適用対象に含まれないとし、日本企業に賠償を命じた。
「解決済み」との立場を取る日本は、判決に対し「日韓の法的基盤を根本から覆す」と反論。だが、文在寅大統領は「三権分立で政府は介入できない」と述べ、判決を尊重するよう求めた。日本企業、韓国企業、韓国政府が資金を出して賠償に充てる「1+1+α」など、韓国は水面下で複数の解決案を示したが、日本は拒否した。

 19年7月の日本の半導体関連3素材の対韓輸出の管理強化や、米国の圧力で維持が決まったが、同8月に韓国が軍事情報包括保護協定(GSOMIA)破棄を通告するなど、関係改善の糸口は見えない。

 安倍政権を引き継いだ菅義偉前首相も韓国側の責任で解決策を示すよう求め、就任中に首脳会談は開かれなかった。岸田政権も両政権と同じ立場と見られる。韓国は22年3月に大統領選を控えており、任期切れが迫る文政権のうちは関係改善を絶望視する見方が強い。

元徴用工問題をめぐる経緯

2018年 10月	韓国大法院が、新日鉄住金(現日本製鉄)に対し、元徴用工への損害賠償を命じる判決を確定
11月	三菱重工に、元徴用工らへの賠償を命じる判決確定
19年1月	新日鉄住金の韓国内にある資産の差し押さえ。日本政府が日韓請求権協定に基づく協議を要請
8月	日本政府が輸出優遇国のリストから韓国を外す。韓国政府が日本との軍事情報包括保護協定(GSOMIA)を破棄通告
9月	韓国政府が輸出管理強化について、世界貿易機関(WTO)に提訴
11月	韓国がGSOMIA継続に転じる。WTOへの提訴手続きも停止を表明
12月	安倍晋三首相(当時)と文在寅大統領が中国で1年3カ月ぶりに会談。元徴用工問題の議論は平行線
20年8月	日本製鉄が資産差し押さえ命令に対し、即時抗告

バイデン政権の対北政策

　バイデン政権は2021年4月、対北朝鮮政策を決めた。「現実的なアプローチ」をとるとし、北朝鮮に対価を与えながら、段階的に非核化を目指す形に転換するとみられる。主に経済制裁を通じて北朝鮮が非核化交渉に応じると期待したオバマ政権の「戦略的忍耐」と、問題の一括合意を求めたトランプ政権との「中間」となる。具体的な内容は言及していないが、北朝鮮が核物質製造禁止や核・弾道ミサイル実験禁止といった約束を守る対価として、朝鮮戦争の終結宣言▷平和条約締結交渉▷両国の連絡事務所設置▷国連安保理制裁決議の一部の一定期間停止などが考えられるという。

　米朝対話は、トランプ前大統領による19年のハノイでの首脳会談が決裂して以来、滞っている。米国への警戒感のほか、コロナ感染の恐怖もあるのでは、といった見方がある。

金正恩氏が総書記に就任

　2021年1月に開かれた朝鮮労働党の第8回党大会で、党委員長の金正恩(キムジョンウン)氏が総書記に就任した。祖父の金日成(キムイルソン)主席が就いたポストである総書記が復活するのは、父の金正日(キムジョンイル)総書記以来。正恩氏は12年、前年に死去した金正日氏を「永遠の総書記」とした。しかし、経済が悪化し、国際環境も厳しい中、権威ある総書記ポストを復活させ、不安感が増す国内の雰囲気を変える狙いがあるとみられる。

　党大会は北朝鮮の最高指導機関で、金正恩体制下での開催は16年5月以来、2回目。正恩氏は核兵器の開発状況を公表し、「最大の敵である米国を屈服させる」と強気の姿勢を見せた。一方、「米国が敵視するのをやめれば対話もできる」とも語り、バイデン政権の出方をうかがった格好だ。

時事問題

国際関係

✓ チェックドリル

Question	Answer
1 2021年1月に、第46代米国大統領に就任したのは誰か。	1 ジョー・バイデン
2 2021年1月に、アジア系として、黒人女性として初めて米国副大統領に就任したのは誰か。	2 カマラ・ハリス
3 2021年1月に、米国大統領として史上初めて2度目の弾劾訴追を受けたのは誰か。	3 ドナルド・トランプ
4 人種や民族、宗教、性別など特定の集団に属する人々に対する憎悪から引き起こされる犯罪を何というか。	4 ヘイトクライム（憎悪犯罪）
5 日本、米国、オーストラリア、インドの4カ国が安全保障などで協力する枠組みを何というか。	5 QUAD（クアッド）
6 SDGsは日本語で何というか。	6 持続可能な開発目標
7 2021年1月に発効した、核兵器の使用や開発、保有、核兵器を使った脅しなどを禁じた条約は何か。	7 核兵器禁止条約
8 1994年に就任したルカシェンコ大統領による強権体制が続く旧ソ連の国はどこか。	8 ベラルーシ

Question	Answer
☐ **9** 2021年8月にイラン大統領に就任したのは誰か。	9 エブラヒム・ライシ
☐ **10** 2021年10月現在のシリアの大統領は誰か。	10 バッシャール・アサド
☐ **11** 2021年6月にイスラエルの首相に就任したのは誰か。	11 ナフタリ・ベネット
☐ **12** パレスチナ自治区ガザを実効支配するイスラム組織を何というか。	12 ハマス
☐ **13** 2021年8月に、アフガニスタンの首都カブールを制圧した武装勢力は何というか。	13 タリバン
☐ **14** 2021年2月に国軍がクーデターを起こしたアジアの国はどこか。	14 ミャンマー
☐ **15** 2020年6月に成立・施行された、香港での反政府的な動きを取り締まる法律は何か。	15 香港国家安全維持法
☐ **16** **15**による幹部の逮捕が相次いだことや、資産凍結などにより廃刊に追い込まれた香港の新聞を何というか。	16 リンゴ日報
☐ **17** 1997年の香港の中国返還時に50年間不変と約束された、香港の高度な自治を認めた制度を何というか。	17 一国二制度

経済

岸田政権の経済政策

　岸田文雄首相は、経済政策として、「新しい日本型資本主義」を掲げ、「成長と分配の好循環」の実現を目指す。安倍政権下で始まった大規模な金融緩和と巨額の財政支出、成長戦略の3本柱を維持する。一方、構造改革や規制改革が格差を広げたことから、小泉改革以降の新自由主義的政策を転換する。

　格差是正に向けて、従業員の賃上げに取り組む企業への税制支援や、株の売却益や配当にかかる金融所得課税の見直し、教育費・住居費の支援などを進め、中間層の所得を拡大することで、「令和版所得倍増」を目指す。成長と分配を両立するために、首相直属の「『新しい日本型資本主義』構想会議」（仮称）を設置する考え。

　また、先端技術をめぐる米中との覇権争いが激しさを増す中、技術の流出を防ぐため、経済安全保障を強化する。経済安全保障担当相を設け、「経済安全保障推進法」（仮称）も策定する。

岸田氏の経済政策「新しい日本型資本主義」の実現

●成長戦略	●分配戦略
①科学技術立国 ②デジタル田園都市国家構想 ③経済安全保障 ④人生100年時代の不安解消に向けた社会保障改革	①働く人への分配機能の強化 ②中間層の拡大 ③公的価格のあり方の抜本的見直し ④財政の単年度主義の弊害是正に取り組む

関連用語　**新自由主義**

　政府による民間介入を少なくして、需要と供給に基づく市場原理に任せれば、経済の効率化と発展が実現できるとする思想。国営企業の民営化や規制緩和による経済の自由化などを政策として進める。小泉政権が進めた「構造改革」が代表例の一つ。コストのかかる年金、医療などの社会保障や福祉、労働者の権利保護などは後回しにされる。伝統的な社会連帯が失われ、貧富の格差が拡大した原因として、批判する声が高まっている。

税収、過去最高を更新

　国の2020年度の一般会計の税収は、前年度比4.1％増の60兆8216億円となり、過去最高となった。最高額だった18年度（60兆3564億円）を２年ぶりに更新した。

　内訳では、消費税が前年度より２兆6187億円多い20兆9714億円で過去最高となり、税収全体の34.5％を占めた。消費増税分が初めて、年間を通じた収入となり、消費税は税の種類別で初めて、所得税を抜いて最大となった。法人税は、4375億円増の11兆2346億円と、前年末時点の予想より３兆円以上、上ぶれした。海外経済の回復を追い風に製造業などの回復が予想以上に早かったためとみられる。所得税も前年度より191億円多い19兆1898億円だった。働き手の収入が予想ほど落ち込まなかったことや、株価上昇を受けて金融所得が増えた影響などもあったという。

基礎的財政収支（プライマリーバランス）

　借金の返済費（金利分を含む）を除き、毎年度の社会保障費や公共事業費など政策にかかる費用を、その年の税収でどれだけ賄えているかを示す指標。プライマリーバランス（PB）ともいう。

　政府は「2025年度の黒字化」を目標に掲げる。しかし、21年７月発表の最新の試算では、25年度の収支は、高成長をした場合で2.9兆円の赤字。黒字化の時期は27年度とするが、歳出削減が続けば25年度の黒字化もできるとしている。ただ、試算は高成長が続くとした場合で、成長率が実績に近いシナリオの試算では25年度の収支は7.9兆円の赤字。30年度でも6.0兆円の赤字と、黒字化の見通しが立たない状況だ。

RCEP

　日中韓とオーストラリア、ニュージーランド、東南アジア諸国連合（ASEAN）の15カ国による自由貿易圏構想「地域的包括的経済連携」（RCEP=Regional Comprehensive Economic Partnership Agreement）。2020年11月、首脳会合で正式に合意し、協定に署名した。早ければ21年末にも発効し、世界人口の約3割、国内総生産（GDP）の約3割を占める巨大な経済圏ができる。

　RCEPは13年から交渉が始まった。参加国の人口やGDPの合計は、発効済みの環太平洋経済連携協定（TPP）や欧州連合（EU）との経済連携協定（EPA）より大きく、日本にとっては、最大の貿易相手国である中国と第3位の韓国との間で結ぶ初めての自由貿易協定となる。

　協定には、二国間の関税の撤廃・削減に関する取り決めと、投資など計20分野の共通ルールがある。貿易面では、日本から中国に輸出する自動車や自動車部品への関税が幅広く削減・撤廃になる。一方で、日本の農家への影響が大きいコメ、麦、牛肉・豚肉、乳製品、砂糖の「重要5品目」は、関税の削減・撤廃の対象から除外された。

　日本が輸入する農産品への関税の撤廃率は、対中国で全体の56%、対韓国で49%と、TPPの82%より低い水準にとどまる。

アジア太平洋地域の自由貿易圏の枠組み

中国、TPPへの加盟を申請

2021年9月、中国が環太平洋経済連携協定（TPP=Trans-Pacific Partnership）への加盟を申請した。

TPPは広範囲の物品関税の撤廃やサービス・投資の自由化を域内で進める協定。米国はトランプ前大統領が自国優先を掲げて離脱したが、残りの11カ国で18年に発効した。中国の加盟申請は、アジアでの影響力を高める狙いがあるとみられる。ただ、加盟に向けた条件交渉を始めるには全加盟国の合意が必要だが、ベトナムとは領土問題を、オーストラリアとは通商摩擦を抱える。また、中国が高水準の自由貿易ルールを受け入れられるかなど、加盟のハードルは高い。

中国の加盟申請の発表後、台湾も加盟を申請した。両者をめぐる駆け引きが激しくなることが予想される。TPPには英国も加盟申請しているほか、離脱した米国の動向にも注目が集まる。

改正種苗法

ブランド農作物の海外流出を防ぐことを目的とした改正種苗法が2020年12月に成立、21年4月に施行された。

日本国内で開発され、国に登録された高級果実などの種や苗木について、海外への無断での持ち出しを禁じる。新品種の開発者が国内の栽培地域を指定できる。農家が自らの栽培のために登録品種から種や苗木をとり、翌年の栽培につかう「自家増殖」をする際には、事前に開発者の許諾をとることを求め、種苗の管理を強化する。

近年、日本の研究機関が数十年かけて開発した高級ブドウやサクランボなどの種苗が海外に流出し、アジアなどで格安で販売される事例が相次いでおり、対策が求められていた。

資本金減らし相次ぐ

　資本金を1億円以下に減らす企業が相次いでいる。

　資本金とは、企業の信用力を示す指標の一つ。資本金を減らす「減資」は取引などで不利になりかねないため、欠損金の穴埋めなど、やむを得ず実施することが多かった。

　しかし、資本金はできるだけ減らさないという前提は、崩れつつある。帝国データバンクの調査によると、2020年に減資を発表した上場企業は86社で、前年の46社から急増。1億円以下に減らしたのは6割超の55社だった。収益が悪化している旅行や飲食、小売業界などで目立つ。

　減資の狙いは、税負担の軽減だ。資本金が1億円以下だと、税制上は「中小企業」の扱いになり、優遇措置が受けられる。法人税率の軽減なども期待できる。一方で、資本金を企業の都合で変えることで容易に節税できるとの批判もある。資本金だけでなく従業員数なども見て、事業の実態に応じた税制にすべきだとの意見が出ている。

最低法人税率

　国際課税の新たなルールについて、日本など136カ国・地域は2021年10月、最終合意した。法人税に世界共通の最低税率を設け、税率は「15％」にする。巨大IT企業などに対するデジタル課税〔●99ページ〕創設も盛り込まれた。

　多国籍企業が、税率が低い国や地域に子会社を置き、利益に見合った課税を逃れるケースが目立っていた。新ルールにより、課税逃れを減らし、各国の法人税率引き下げ競争に歯止めをかけることが期待される。ただ、最低税率の15％は、日本やドイツの約30％、米国の約28％などとの差が大きく、効果は限定的との見方がある。

ESG投資

環境（Environment）と社会（Social）、企業統治（Governance）を表す英語の頭文字を順番に並べたのがESG。この3点に配慮してたくさんのお金を投資するやり方をESG投資と呼ぶ。利益だけでなく、環境保護や社会問題の解決にもつなげる。

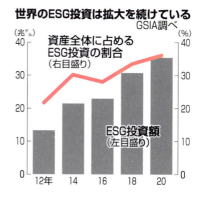

世界のESG投資は拡大を続けている

例えば、「環境」なら、温室効果ガス削減に積極的な企業に投資し、二酸化炭素を多く出す石炭火力発電所への投資をやめる。「社会」だと、女性の活躍に取り組む会社の株や新型コロナウイルス対策にお金が使われる債券を買う。「企業統治」の場合、外部の厳しい意見を経営に採り入れることを求めることもある。

2015年に国連がSDGs（持続可能な開発目標、◯33ページ）を設けたこともあり、活発化している。日米欧などの普及団体でつくる「世界持続可能投資連合」（GSIA）によると、20年のESG投資額は35兆3千億ドルで、18年の前回調査から15％増えた。

日本は32％増の2兆8740億ドル。政府が50年までの温室効果ガス排出「実質ゼロ」〔◯80ページ〕を掲げ、機関投資家や個人のESG投資への関心が高まった。ただ、運用資産全体に占める割合は、欧州の42％、米国の33％に比べて24％と低い。機関投資家の取り組みが大手に偏り、国外から投資を呼び込めていないことが背景にあるという。今後も投資を増やすには、企業の情報公開を充実させることが重要だ。

キャッシュレス決済

　お札や小銭といった現金を使わないキャッシュレス決済が増えている。クレジットカードや、JR東日本のSuica(スイカ)などカードにお金をためて使う電子マネー、スマートフォンを使うなどの決済手段がある。

　日本は偽札が少ないことや治安の良さなどから普及率は19.8％（経済産業省まとめ、2016年）と低かった。しかし、キャッシュレス化が進むと、事業者には現金取り扱いコストの削減、店舗の省力化、また購買履歴データを活用した売り込みなど新たなサービス提供といったメリットがあり、政府は比率を25年に40％、将来は80％まで伸ばす目標を掲げる。

　20年の普及率はコロナ禍での接触機会の減少を背景に29.7％となり、前年から2.9ポイント増え、過去最高を更新した。ただ、9割以上の韓国や40〜60％が目立つ世界の主要各国より依然低い。

フィンテック

　金融（Finance）と技術（Technology）を掛け合わせた造語。IT（情報技術）を活用した新しい金融サービスや、それに取り組むベンチャー企業が「フィンテック」（FinTech）と呼ばれている。格安な手数料での海外送金など、決済や送金、融資、資産管理などの分野で新サービスが生まれている。

　従来、決済などの金融サービスの提供には巨額の費用がかかり、銀行などがほぼ独占してきた。しかし、ITの進歩やスマートフォンの普及で、ベンチャーも参入できるようになった。便利になる半面、ネット上で情報をやりとりするため、預金口座などの個人情報の流出や不正使用の恐れもある。新サービスの普及には、信頼性を高めることが課題になる。

中央銀行デジタル通貨

　中央銀行が発行するデジタル通貨。JR東日本のSuicaなどの電子マネーのように日々の買い物や取引に使える。受け取った後に銀行口座を通じて紙幣などに換える必要もなく、受け取った人がそれをさらに別の支払いにも使える。停電時やオフライン下でも使える。

　開発や研究が、各国で加速している。きっかけは、米フェイスブック（FB）が主導する団体が構想を公表した暗号資産「リブラ」だ。FBは世界で約30億人の利用者がおり、実現すれば世界で一気に広がる可能性があった。しかし、リブラには金融機関を監督、支援する中央銀行のような存在がなく、マネーロンダリング（資金洗浄）などへの懸念もあることから、G7を中心に政府・中央銀行から一斉に批判の声が噴出。FB側は発行計画を縮小し、2020年12月に名称を「ディエム」に変更した。

　各国の中央銀行は、より効率的な決済システムづくりへ向けた取り組みを本格化させている。先行する中国は22年の発行を目指しており、日本銀行も21年春に実証実験に着手した。米国や欧州連合（EU）も発行に向けた検討を続ける。金融システムや国際的な通貨体制にも影響する可能性があり、各国のせめぎ合いも激しくなっている。

関連用語　暗号資産

　インターネット上の理論をもとに2009年以降、価値を持った電子データとしてネット送金や決済に使われている。「交換業者」と呼ばれる会社に口座を開いて使うのが一般的で、法定通貨の円やドルと交換できる。中央銀行のような公的な管理者はない。複数のコンピューターでデータを管理する「ブロックチェーン」という仕組みで偽造を防ぐ。従来、「仮想通貨」と呼ばれていたが、19年5月に成立した改正資金決済法で「暗号資産」と改称した。

半導体不足

　世界的な半導体不足となっている。原因は重層的だ。高速通信の規格「5G」〔●102ページ〕の広がりに加え、新型コロナウイルスの感染拡大による巣ごもり消費で、ゲーム機など電子機器向けの需要が急増。また、2021年2月中旬に米国を襲った大寒波による停電で自動車向け半導体大手の現地工場が止まり、日本でもルネサスエレクトロニクスなどの工場が火災に見舞われるなど、トラブルが集中した。

　国内外の自動車の組み立て工場で操業停止が相次ぎ、生産の減少による納車の遅れも出始めている。生産の遅れはカーナビやエアコンなど様々な製品にも及んでおり、コロナ禍で需要が増えた商品も思うように作れない状況だ。需給の逼迫が解消するのは早くても22年になるとの見方が多い。

EVシフト

　ガソリンなどを燃料とするエンジン車への規制を強める動きが世界で広がり、電気自動車（EV）が次世代エコカーの本命候補になりつつある。世界的な「EVシフト」の背景にあるのは、地球温暖化対策への意識の高まりだ。

　米国は、2030年に新車販売の半分を「排ガスゼロ車」にする目標を打ち出した。中国政府も、35年までにガソリンだけで走る新車を売れなくする方針で、日本も35年までに新車販売をすべてEVやプラグインハイブリッド車（PHV）、ハイブリッド車（HV）などの電動車にする目標を掲げる。欧州連合（EU）は、35年にHVを含むガソリン車の新車販売を禁止する。

　燃費の良さや価格の手ごろさ、総合的な技術力で競争を生き抜いてきた日本の自動車業界も、自己改革を迫られている。

東証の市場再編

東京証券取引所が、2022年4月に再編される。現在の5市場を3市場に見直す(図参照)。再編で市場の魅力を高め、投資マネーの取り込みを狙う。

最上位のプライムへの上場基準は、①時価総額が250億円以上②発行済み株式のうち市場で売買できる株式(流通株式)の比率が35％以上③流通株式の時価総額が100億円以上、とする。現在の区分ではそれぞれの特徴がわかりづらいとの指摘があり、再編でわかりやすくする。

東証が21年6月末までのデータをもとに、上場企業約3700社がどの新市場の基準に適合しているかを試算したところ、1部のうち約30％の664社がプライムの基準を満たさなかった。1部企業がスタンダードに移る場合、「格下げ」のイメージがつくなどの懸念があるため、すべての1部企業がプライムに移行できる経過措置が設けられており、企業間で株を持ち合う持ち合い株を減らすなどの動きが出ている。

代表的な株価指数である東証株価指数(TOPIX)も見直され、対象銘柄を絞りこむ。22年から3年かけて段階的に外し、現在の約2200社から600社程度が対象から外れる見通し。取引量の少ない株を外すことで、投資の参考指標にしやすくする狙いがある。

株式市場は2022年春にこう変わる
東証の資料から

現在 (カッコ内は21年6月末時点の上場会社数)	2022年4月 (カッコ内は流通株式の時価総額と比率に関する上場維持基準)
5市場 主に流通性の高い企業向け	**3市場** 主にグローバル企業向け
1部 (2190)	プライム (100億円以上、35％以上)
主に実績ある企業向け	主に実績ある企業向け
2部 (474) / ジャスダック・スタンダード (663)	スタンダード (10億円以上、25％以上)
主に新興企業向け	主に新興企業向け
マザーズ (371) / ジャスダック・グロース (37)	グロース (5億円以上、25％以上)

経済の基礎用語

　志望する企業の研究や、面接で質問された場合に最低限知っておきたい、経済の基礎用語をまとめました。

売上高
　企業の本業で得た金額のこと。本業以外で発生する受取利息などは営業外収益となり、売上高には含まれない。

営業損益、経常損益、純損益
　企業の損益計算上の利益と損失。企業の営業活動から直接生じた利益が営業利益。これに金利などの営業外損益を加減したものが経常利益で、企業の経営状態を最もよく示す数値として一般に用いられる。経常利益に、資産の売却益や評価益などの臨時的損益（特別利益、特別損失）を加減し、法人税などの税金を引いたものが純利益。それぞれ損失となった場合は、営業損失、経常損失、純損失となる。

損益計算書（PL）
　企業活動の時間的な区切りとして1年を1単位と考えたとき、1単位期間あたりの会社の経営成績を表すのが損益計算書（PL）。1単位期間の収益と費用をすべて対応させて、純損益を計上する。企業の収益力を判断する上で、貸借対照表（BS）と並んで重要な財務諸表。

貸借対照表（BS）
　決算時点など、ある時点での企業の財政状態を表すのが貸借対照表（バランスシート＝BS）。資金の調達源泉を右側（貸方）、資金の運用形態を左側（借方）に記入する。右側部分の返済が必要な部分は「負債」、その必要がないものは「純資産」と呼ぶ。左側の部分を「資産」と呼び、企業の財産を表す。これに関連して、資産＝負債＋純資産という貸借対照表等式が成り立つ。

連結決算（会計）
　親会社単独ではなく、子会社を含めた企業グループを一つの企業とみな

して決算したもの。売上高や支出された費用でグループ内の取引がある場合は相殺され、合計数字は小さくなる。子会社を連結に含むかどうかは出資比率や意思決定機関の支配力による。日本では2000年3月期に、単独決算中心から連結決算中心に移行した。

キャッシュフロー計算書（CS）

　企業における1年間の現金の増減を示す計算書。損益計算にはいくつかの会計手段があるが、会計上の損益ではなく、企業活動によって生み出された現金収支を示す。企業の資金取引を営業活動、投資活動、財務活動に分類し、それぞれの現金の動きを把握する。会計上の利益とは異なり、キャッシュフローは企業の手持ちの現金を示す。税引き後利益に減価償却費を加え、配当金と役員賞与などを引いたもの。

コンプライアンス（法令順守）

　企業が経営・活動を行う上で、法令・社会規範・倫理を順守すること。企業の不祥事が相次いで明るみに出る中、多くの企業は行動指針を策定し、違反行為があった場合の早期発見のための内部統制システムの構築に取り組んでいる。

M&A（企業の合併・買収）

　合併や買収の形で相手企業やその事業部門を入手すること。買収企業が存続会社として残り、被買収企業が消滅するのが「合併」（merger）で、過半数の株式取得を通じて被買収企業の支配権が買収企業に移行するのが「買収」（acquisition）。LBO（買収先企業の資産を担保にした借り入れによる買収）や、TOB（株式公開買い付け）などの手法がある。

企業の社会的責任（CSR）

　企業は社会の構成員として、株主に対してだけでなく、消費者、従業員、地域住民など様々な利害関係者（ステークホルダー）や環境に責任を負っているという考え方のもとで、法令を順守し、社会的公正や人権、環境に配慮して行う経営活動のこと。Corporate Social Responsibilityの略。メセナなどの文化事業と異なり、本業での活動の取り組みをいう。CSRを一つの判断基準にして行う投資は社会的責任投資（SRI＝Socially Responsible Investment）。

時事問題

経済

☑ チェックドリル

Question	Answer
□**1** 借金の返済費を除いて毎年の政策にかかる費用を、その年の税収でどれだけ賄えているかを示す指標を何というか。	1 基礎的財政収支（プライマリーバランス）
□**2** 2020年度の税収で、税の種類別で最大となったのは何税か。	2 消費税
□**3** 日本銀行の総裁は誰か。	3 黒田東彦（はるひこ）
□**4** 2020年11月に合意した日中韓や東南アジア諸国など15カ国でつくる「地域的包括的経済連携」の英略語を何というか。	4 RCEP
□**5** 2021年9月に、環太平洋経済連携協定（TPP）への加盟を申請したのはことどこか。	5 中国と台湾
□**6** 2021年6月に経団連会長に就任したのは誰か。	6 十倉雅和
□**7** 2021年4月に改正法が施行された、ブランド農作物の海外流出を防ぐことを目的とした法律を何というか。	7 種苗法
□**8** 環境と社会、企業統治の3点に配慮した投資を何というか。	8 ESG投資

Question	Answer
9 2020年の個人消費に占めるキャッシュレス決済比率は何%だったか。	9 29.7%
10 ITを活用した新しい金融サービスや、それに取り組むベンチャー企業のビジネスを何と呼ぶか。	10 フィンテック
11 2019年5月成立の改正資金決済法により、仮想通貨は何と名称が変わったか。	11 暗号資産
12 11で使われる、複数のコンピューターでデータを管理する仕組みを何というか。	12 ブロックチェーン
13 米フェイスブック（FB）が主導する団体が立ち上げを目指して進めている11を何というか。	13 ディエム
14 現在五つある東京証券取引所の市場は、2022年4月にいくつに再編されるか。	14 3市場
15 東京証券取引所の再編後、最上位となる市場は何というか。	15 プライム
16 決算時点など、ある時点での企業の財政状態を表す財務諸表を何というか。	16 貸借対照表（バランスシート）
17 ガソリンなどを燃料とするエンジン車から、電気自動車への転換を図る動きを何と呼ぶか。	17 EVシフト

医療・福祉

新型コロナウイルス

　新型コロナウイルス感染症（COVID-19）は、2019年12月に中国中部の湖北省武漢市で出現し、急速に世界に広がった。世界保健機関（WHO）は20年1月、緊急事態宣言を出し、3月にパンデミック（世界的大流行）と認定。感染者は米国やインドなどで特に多く、21年9月末に世界の感染者は2億3327万人、死者は477万人に達する。

　日本では同月末までに約170万人が感染し、1万7千人以上が亡くなった。一方、感染対策の「切り札」とされるワクチンが21年4月、高齢者向けを皮切りに始まった。菅義偉首相（当時）は「1日100万回接種」を掲げ、供給不足を理由に新規予約を停止する事態もあったが、9月に2回目を終えた人の割合が全人口の5割を超えた。高齢者では9割に迫る。

　ただ、ワクチン接種後に感染するブレークスルー感染や、ワクチンの効果が落ちるとされる新たな変異株が懸念される。当初、期待された集団免疫の獲得は「困難」との見方が強く、3回目の接種の必要性が検討されている。

関連用語　パンデミック

　世界的大流行のこと。世界保健機関（WHO）は2020年3月11日、新型コロナウイルスの感染拡大について、パンデミックの状態だと認定した。WHOがパンデミックの表現を使うのは、09年の新型インフルエンザ以来11年ぶり。

関連用語　コロナウイルス

　表面に何本もある突起が、太陽のコロナに似ており、この名前がついた。突起を足がかりに細胞に侵入し増殖する。イヌ、ネコ、キリンなど、様々な動物で固有のコロナウイルスが見つかっている。ヒトに感染するものは、風邪の原因になる4種類のほか、2003年に姿を消したSARS、中東呼吸器症候群（MERS）、今回の新型コロナウイルスがある。

まん延防止等重点措置

2021年2月に成立・施行された、新型コロナウイルス対応の改正特別措置法で新設された。緊急事態宣言の発令前から発動することができ、営業時間の短縮の命令に応じない飲食店などの事業者に対して、20万円以下の過料を科すことができる。休業の命令や要請はできない。都道府県で発動される緊急事態宣言に対し、まん延防止等重点措置では、知事が具体的な市区町村などの区域を設定できる。

緊急事態宣言とまん延防止等重点措置の違い

	緊急事態宣言	まん延防止等重点措置
対象業種など	百貨店や映画館など幅広く対象に。時短に加え、休業命令も可能	飲食店などに対象限定。時短命令が可能
命令拒否の罰則	30万円以下の過料	20万円以下の過料
適用する感染状況	最も深刻なステージ4相当	2番目に深刻なステージ3相当
対象地域	都道府県	具体的な市区町村など区域を知事が判断

抗体カクテル療法

新型コロナウイルスの軽症患者に使える初めての治療薬で、ウイルスが細胞に感染するのを防ぐ二つの中和抗体を組み合わせた点滴薬「ロナプリーブ」（商品名）を使う。2種類を混ぜ合わせて使うため、この名前がついた。対象は、発症から7日以内の軽症から酸素投与が必要ない中等症Ⅰの患者で、一定の年齢以上▷肥満▷糖尿病▷慢性腎臓病▷高血圧を含む心血管疾患——などの重症化リスク要件を一つでも抱える人だ。

新型コロナにはこれまで、レムデシビルやデキサメタゾンなど3種類の治療薬があったが、いずれも中等症から重症者向けだった。日本人で臨床試験（治験）は行われていないが、有効性が期待できるとして2021年7月に特例承認された。

オンライン診療

スマートフォンやタブレット端末などを使って、医師と患者が対面せずに診察すること。以前は「遠隔診療」として主に離島やへき地などの物理的な距離がある状況の患者を想定してきた。しかし、2015年に厚生労働省が限定しないと通知して普及が進み、18年に呼称を「オンライン診療」に統一し、公的保険の対象となった。

厚労省は指針で、禁煙外来などの例外をのぞき、初診は医師が患者と実際に会わなければならないと定めた。しかし、20年4月、新型コロナ対応でオンラインでの初診を特例的に容認。21年6月には恒久的に行えるようにする方針を決めた。かかりつけ医に診てもらう場合だけでなく、健康診断の結果を示したり、医師と患者の合意があったりした場合も可能とする。

高齢者医療費の窓口負担「2割」新設

一定以上の収入がある75歳以上の人を対象に、医療機関の窓口で支払う医療費の自己負担を1割から2割にする改正法が、2021年6月に成立した。22年度後半に負担割合が引き上げられる予定。

現在、75歳以上の多くは窓口負担が1割で、現役並みの所得がある人は3割を負担している。これに2割負担を新設する。年金などの年収が単身世帯で200万円(夫婦2人なら320万円)以上といった条件を満たす場合が対象。75歳以上の約1815万人のうち、約370万人が2割負担となる。

現役世代の負担軽減が狙いだが、軽減額は1人あたり月額約30円(導入直後の場合)にすぎず、制度の見直しは引き続き検討課題になる見通しだ。

アルツハイマー病新薬

　米食品医薬品局（FDA）は2021年6月、米製薬大手バイオジェンと日本のエーザイが開発したアルツハイマー病の治療薬候補「アデュカヌマブ」の製造販売を条件付きで承認した。

　アルツハイマー病は、脳の中に「アミロイドβ」（Aβ）というたんぱく質がたまって、神経細胞を壊すことなどが原因だと考えられている。アデュカヌマブは、病気の進行を止めることはできないが、Aβに作用して、悪化するスピードを緩やかにするとされる。これまでは症状を一時的に軽くする治療薬しかなかった。

　製薬会社が承認後も行う試験で効果が十分に確認できなければ、FDAは承認を取り消す可能性もある。日本では20年12月に申請され、審査されている。世界の認知症患者は約5千万人。日本国内の患者は約600万人で、その7割がアルツハイマー型とされる。

介護職員、2040年度に69万人不足

　厚生労働省は2021年7月、全国の65歳以上の高齢者数がほぼピークになる40年度に介護職員が約69万人不足するとの推計を公表した。40年度の推計がまとまるのは初めて。

　団塊の世代が全員75歳以上になる25年度の65歳以上は3677万人の見通しで、必要な職員数は約243万人にのぼる。40年度には65歳以上は3921万人と人口の3分の1超に達するとみられ、必要な介護職員数は約280万人になる。これを、19年度時点の介護職員数約211万人と単純に比べると25年度で約32万人、40年度には約69万人が不足する計算だ。特に都市部の職員不足が著しく、不足しないのは福井県だけ。職員の待遇改善などの抜本策が求められている。

iPS 細胞

人工多能性幹細胞（induced Pluripotent Stem cell）の略称。「万能細胞」とも呼ばれる。皮膚などの体細胞に複数の遺伝子を導入し、様々な細胞や組織になりうる能力を持たせた細胞。京都大学の山中伸弥教授らが2006年8月にマウスでの作製成功を発表。07年11月にはヒトでも成功し、山中教授は12年、ノーベル医学生理学賞を受賞した。

難病の治療や再生医療、新薬開発につながると期待されており、医療現場では実用化へ向けた動きが加速している。14年に世界初の臨床研究として、理化学研究所などのチームが目の難病（加齢黄斑変性）患者にiPS細胞から作った網膜細胞の移植手術を実施した。ほかにも、心臓の病気や脊髄損傷の患者を対象にした臨床研究の準備が進んでおり、実用化に向けた動きが正念場を迎えつつある。

関連用語 (ES細胞)

胚性幹細胞。不妊治療の際に余った受精卵（胚）をもとに作る。体のすべての組織の細胞になりうる能力を維持する、iPS細胞の「お手本」にあたる存在だ。米ウィスコンシン大学チームが1998年にヒトES細胞を作製、国内では2003年に京都大学が作製した。「受精卵を壊す」という倫理的な懸念から基礎研究に限っていた日本も、欧米で臨床試験が進んでいることを受けて13年に方針を転換。20年5月には国内初の臨床試験（治験）が行われた。

ヒト万能細胞作製の流れ

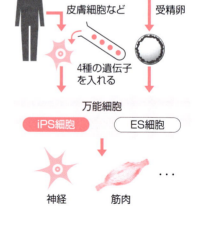

新型出生前診断（NIPT）

妊婦の血液だけでダウン症など、胎児の3種類の染色体異常がわかる検査。DNAの解析技術の飛躍的な向上により、従来の検査手法より早い妊娠10週以降に妊婦の血液を調べるだけで、胎児がダウン症かどうか99％以上の精度でわかる。血液を採るだけなので、妊婦や胎児への負担は少ない。陽性の場合、結果の確定には羊水検査が必要となる。

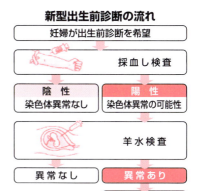

国内では2013年4月から、日本産科婦人科学会（日産婦）の指針に基づき、全国109カ所の病院で実施されてきた。胎児の染色体異常が確定した人の約9割は中絶を選んでいる。一方、学会の認定を受けずに検査を行う施設が急増。不十分なカウンセリングで結果だけを妊婦に知らせることなどが問題となっている。日産婦や厚生労働省は認定施設の基準の作成へ向け、話し合いを進めている。

関連用語 **着床前診断、対象拡大へ**

着床前診断は、受精卵の段階で遺伝情報を調べ、重い遺伝病にならない受精卵を子宮に戻す方法。日本産科婦人科学会（日産婦）は2021年6月、成人になるまでに命を落としかねない病気などに限ってきた対象を、条件をつけて成人後に発症する病気にも広げる方針を決めた。学会内で今後、規則の改定や詳細な運用方法について議論を進める。

日本では1998年に重篤な遺伝病に限って導入。成人になるまでに人工呼吸器が必要となるなどの重い病気が対象とされ、15年度までに120件が認められた。神経の難病デュシェンヌ型筋ジストロフィーなどが多い。

労働

コロナ失職者、11万人超え

新型コロナウイルスの影響による解雇や雇い止め（見込みを含む）の累積が、2021年4月に10万人を超えた。21年9月3日時点で11万5382人にのぼる（厚生労働省調べ）。業種別では製造業、飲食業、小売業、サービス業が多い。企業によるハローワークへの届け出などに基づくため、集計に含まれない失職者も多くいる。

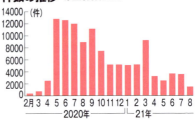

新型コロナによる解雇や雇い止めの件数の推移　厚生労働省まとめ

また、20年度平均の有効求人倍率は1.10倍となり、前年度を0.45ポイント下回った。下げ幅は石油危機の影響があった1974年度以来、46年ぶりの大きさとなった。20年度の完全失業率は2.9％で、前年度に比べ0.6ポイント上昇した。

テレワーク

「tele」（離れた）と「work」（仕事）を合わせた造語。ICT（情報通信技術）を利用した、時間や場所にとらわれない柔軟な働き方を指す。

新型コロナウイルスの感染拡大防止のため、政府が2020年4月、緊急事態宣言を出し、出勤者7割減を企業などに求めたことから、導入が広がった。テレワークの広がりに伴い、契約書などにハンコを押す商習慣を電子契約へ切り替える動きも進む。しかし、最初の緊急事態宣言の解除以降は減少。日本生産性本部の調査では、20年7月以降、2割前後で推移している。

働き方改革関連法

2019年4月、働き方改革関連法が施行された。労働時間規制の強化や緩和、正社員と非正社員の格差是正など、様々なメニューが盛り込まれている。働く時間の長さ、休み方、健康、賃金、企業経営などに大きく影響する内容だ〔→67～69ページ〕。

残業時間に罰則つき上限規制導入

労働基準法は労働時間の上限について、1日8時間、週40時間と定めている。しかし、労基法36条に基づいて、労使が合意して協定（36協定）を結べばこれを超える上限を設定でき、事実上青天井にできた。

2019年4月に施行された働き方改革関連法により、残業時間に罰則つき上限規制が導入された。原則として「月45時間、年360時間」となる。繁忙期などに臨時に超える必要がある場合でも、45時間を超えて働かせられるのは年に6カ月までで、年間上限は720時間となった。これらは休日労働を含めない場合で、含めた場合は「月100時間未満」とし、2～6カ月の平均は「月80時間」となる。

上限を超えて働かせた企業には、6カ月以下の懲役か30万円以下の罰金が科せられる。まず大企業から導入が始まり、20年4月から中小企業への適用も始まった。

高度プロフェッショナル制度

年収が高い一部の専門職について、労働時間規制の対象から完全に外す制度。働き方改革関連法の成立により、2019年4月に導入された。適用される人は、残業時間や休日・深夜の割増賃金といった規定から外れる。高度の専門的知識などが必要で、働いた時間の長さと仕事の成果との関連性が高くないものが対象。対象者の年収は「1075万円以上」。対象業務は「金融商品の開発、ディーリング、アナリスト、コンサルタント、研究開発」の5業務。

21年3月末時点で同制度を導入しているのは20社の計21事業場で、適用者は552人（厚生労働省調べ）。集計対象の全17事業場のうち6事業場で月300時間以上の社員がいた。「働き過ぎを助長する」との懸念が再び強まる可能性がある。

勤務間インターバル

仕事が終わってから次に仕事を始めるまでに一定の休息時間をおくこと。例えば、ある企業が11時間のインターバル制度を導入すると、24時まで残業をしたら翌日は11時まで働けなくなる。欧州連合（EU）諸国では勤務終了後、次の勤務が始まるまでに最低11時間の休息を労働者に保障することを義務づけている。

働き方改革関連法の施行により、制度の導入が2019年4月から企業の努力義務となった。不眠不休で働くことを防げるため、過労死対策の「切り札」とも言われるが、20年1月時点の導入実績は4.2％。政府は25年までに15％以上を目標とする。

勤務間インターバル制度のイメージ（休息11時間で24時まで残業した場合）

同一労働同一賃金

　雇用者の約4割を占めるパートや契約社員、派遣社員といった非正社員の待遇改善を図るため、正社員との不合理な待遇差の是正を企業に促すのが「同一労働同一賃金」の法改正だ。大企業は2020年4月から、中小企業は21年4月から適用された。

　正社員と非正社員はこれまでも、仕事の内容や責任の程度、転勤・異動の範囲などが同じなら待遇も同じにする必要があった。今回の法改正では、待遇ごとの性質や目的などに照らして不合理かどうか判断すべきだと明確にした。企業に、待遇差の内容やその理由を非正社員に説明する義務も課す。具体的にどんな待遇差を違法とするか、厚生労働省がまとめたガイドラインでは、通勤手当などの手当や、食堂の利用などの福利厚生では原則、待遇差を認めていない。一方、基本給や賞与は、経験や能力の差などに応じて違いを認めている。

同一労働同一賃金ガイドラインの主な内容

正社員と非正社員の待遇に…

×違いを認めない
- 手当：通勤手当　出張旅費　食事手当　皆勤手当　作業手当　深夜・休日手当　単身赴任手当
- 福利厚生：食堂・休憩室・更衣室の利用　慶弔休暇　病気休職

○違いを認める
- 基本給：職業経験や能力、業績や成果、勤続年数などの差に応じて支給
- 賞与：業績などへの貢献度に応じて支給する場合、貢献度の違いに応じて支給

年休消化義務

　仕事を休んでも賃金が支払われる年次有給休暇（年休）。2019年4月から、年10日以上与えられている従業員に対して、企業が最低5日以上消化させることが義務づけられた。達成できないと、働き手1人あたり最大30万円の罰金が科せられることになる。厚生労働省の調査によると、19年に与えられた年休（繰り越し分除く）は平均18.0日に対して、取得できたのは10.1日で、消化率は56.3％にとどまる。

過労死防止大綱

　政府は2021年7月、過労死防止大綱の改定版を閣議決定した。数値目標として、①勤務間インターバル制度〔●68ページ〕を導入する企業の割合：4.2％（20年）→25年までに15％以上②フルタイム（週40時間勤務）の人のうち週労働時間が60時間以上の人の割合：9.0％（20年）→25年までに5％以下③年次有給休暇の取得率：56.3％（19年）→25年までに70％以上、を掲げる。また、新型コロナウイルスの感染拡大が続く中、テレワークの影響や、副業・兼業、フリーランスなどの働き方の実態を把握する必要性も盛り込まれた。

　過労死ゼロを目指し15年に策定された大綱は3年ごとに見直され、今回が2回目の改定。過労死と過労自殺による労災認定数は毎年150人を超す水準で横ばいが続き、効果的な対策が求められている。

70歳までの雇用確保、努力義務に

　2021年4月から、希望者に70歳まで働ける機会を確保することが企業の努力義務になった。改正高年齢者雇用安定法の施行に伴うもの。65歳までの選択肢である定年の延長・廃止や定年後の再雇用に加え、個人事業主として業務委託契約を結ぶ、有償ボランティアとして携わってもらう、といった雇用以外の選択肢もできる。

　人口減少が進む中、働く高齢者を増やして人手不足を補うとともに、年金など社会保障制度の負担を軽くする狙いもある。罰則のない努力義務としてスタートするが、政府は将来の義務化を視野に入れる。厚生労働省の20年の調査では、66歳以上も働ける制度がある企業は33.4％、希望者全員が働ける企業は12.7％だった。

2021年春闘

労働組合の中央組織・連合の2021年春季生活闘争(春闘)の最終集計結果(21年7月発表)によると、ベースアップ(ベア)と定期昇給(定昇)を合わせた平均賃上げ率は前年比0.12ポイント減の1.78%

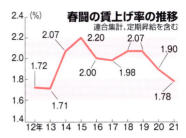

で、2年続けて2%を割り込んだ。平均賃上げ額は326円減の5180円だった。

大企業(組合員300人以上)は同0.12ポイント減の1.79%(5321円)。中小企業(同300人未満)は、同0.08ポイント減の1.73%(4288円)だった。新型コロナウイルスの流行で業績が悪化した交通運輸やサービス・ホテルが低調だった。

連合は21年の春闘の獲得目標を、ベアで2%程度、定昇で2%としていた。

関連用語 春闘、定昇、ベア

春闘とは、労働組合が毎年春、労働条件の引き上げを求めて行う統一行動。一斉に底上げを要求することで、企業ごとの交渉の限界を補える。1956年、総評(現在は連合に合流)の指導で官民290万人の統一闘争をしたのが発端といわれる。

定昇とは、定期昇給のこと。賃金表に基づき、年齢や勤続年数に応じて、毎年自動的に賃金を増やす仕組み。中小企業だと定昇がない場合がある。大企業にはあるが、不況下での労働コストの抑制を狙って成果主義賃金を導入したり、定昇額を圧縮・凍結したりするなどの動きがあった。

ベアとは、ベースアップ。賃金表を書き換え、賃金全体を底上げすること。物価上昇による賃金の目減りを補う役割が強いため、物価が下がるデフレの時代には、会社側のベアゼロ回答や、組合がベア要求そのものを控える動きが出た。

最低賃金

会社が労働者に支払わなければならない最低限の賃金のこと。最低賃金法に基づいて、都道府県ごとに時給を定めており、毎秋に改定される。パートやアルバイトを含むすべての労働者に原則適用される。

2021年度の全国加重平均は、前年度比28円増の930円となった。7県は国の中央最低賃金審議会が示した引き上げ目安額28円を1〜4円上回り、最高の島根県は32円引き上げとなった。東京都など40都道府県は目安通り、28円引き上げ。引き上げ幅は、現行制度となった1978年以降で最大。最高額は東京都の1041円。最低額は高知県と沖縄県の820円で、全都道府県で初めて800円を超えた。

20年は新型コロナウイルスの影響から、中央審議会が目安を示さず、各地の引き上げ幅は1〜3円にとどまった。

裁量労働制

実際に働いた時間ではなく、労使で決めた時間だけ働いたとみなして賃金を払う制度。適用できる業務は限られ、弁護士などが対象の「専門業務型」と、経営企画担当者などが対象の「企画業務型」の2種類ある。自律的な働き手が柔軟に働けるメリットがあるとされ、経済界は働く人の創造性を生かせると主張する。一方、実際には細かく指示される人が対象になると、雇用主が割増賃金を払わずに長時間働かせることができるようになり、過労死につながる心配もある。

厚生労働省は2021年7月、適用対象業務の拡大の検討を始めた。18年に成立した働き方改革関連法では、「企画業務型」の裁量労働制の対象に法人向け営業職などを盛り込む案があったが、調査のずさんさが問題となって見送られた。

フリーランス

　企業などの組織に雇われずに個人で働くフリーランスは、政府の試算で約462万人いるとされる。多様な働き方の一つとして注目される一方、セーフティーネット（安全網）は脆弱だ。最低賃金は適用されず、失業給付はない。労災保険もほとんど適用されず、厚生年金にも加入できない。

　フリーランスの保護がここ数年政策課題となっていたが、コロナ禍で仕事がキャンセルになったり、減ったりするケースが続出した。政府は収入が一定割合減った個人事業者への持続化給付金など、フリーランスも申請できる制度をつくったが、要件からこぼれる人も出た。また、労災保険に特別加入できる制度の対象に、俳優など芸能従事者、アニメーター、柔道整復師、宅配代行業、ITエンジニアが加わった。

雇用保険料の引き上げ

　多くの働き手の給与から天引きされる雇用保険料の引き上げが2022年度、避けられない状況だ。

　雇用保険には大別して二つの事業がある。①失業者に手当を払う「失業等給付事業」と、②休業者や転職者らを支援する「雇用保険二事業」だ。どちらも原則として支出は保険料収入と、余った保険料の積立金から賄う。好況時に積立金を蓄え、不況時の支出に備えるイメージで運営される。

　しかし、コロナ禍で、②の事業の、休業手当を払って雇用を守った企業を支援する制度「雇用調整助成金」の支出が膨らみ、すでに税金を投入。21年度末には①も②も積立金がほぼ底をつく見通しで、22年度の保険料が焦点となる。ルール通りなら労働者は2倍、会社は約1.6倍の負担増だが、引き上げに反対し、税金の投入を求める声も強まっている。

教育

GIGAスクール構想

　全国の小中学生に「1人1台」のパソコンやタブレット端末など学習用コンピューターを配備する計画。人工知能（AI、◯96㌻）技術の浸透などで情報やデータを扱う力がさらに大切になる中、地域や学校による端末整備やネット環境の差を縮めることが狙い。端末の購入費や大容量の通信環境を整える費用を補助する。事業費は2019〜21年度で約4800億円。

　19年3月時点での学習用コンピューター1台あたりの児童生徒数は、全国平均で5.4人。当初は4年かけて進める計画だったが、コロナ禍で学校の休校が長引く中、オンライン授業の環境整備のため目標の前倒しを決め、20年度末までに、ほとんどの小中学校で「1人1台」配備された。

デジタル教科書

　紙と同じ内容をデータ化し、パソコンやタブレット端末で利用する。動画や資料などの「デジタル教材」と組み合わせて、英語が母語の人の発音を聴いたり、立体図形を画面上で自由に回転させたりできる。他の機器と一緒に使えば、クラスメートの画面を全員で共有することも簡単だ。日本語に不慣れな子や、紙では文字が読みにくい子も学びやすくなると期待されている。

　法改正で2019年度から使用が可能になった。21年度からは、目の疲れといった健康面への配慮などから各教科の授業時数の2分の1未満と定めていた制限が撤廃された。文部科学省の有識者会議は21年3月、小学校の教科書が改訂される24年度からの本格導入を求める中間提言を出した。しかし、しばらくは紙とデジタルが併用される見通しだ。

小学校、全学年で「35人学級」に

　公立小学校の1学級の児童数の上限が、現行の40人（1年生は35人）から35人になる。2021年度は2年生、その後は25年度までに段階的に35人以下に引き下げる。複数学年での引き下げは、1980年度以来約40年ぶり。

　35人学級となった場合、例えば1学年に36人の児童がいる場合、現行の1学級が18人ずつの2学級に分けられ、新型コロナなどの感染防止対策のほか、きめ細かな指導も期待できる。自治体が独自で予算をつけて35人以下にしている例もあるが、法改正により国費でその分を賄うことができるため、少人数化のための教員を安定的に配置できるメリットもある。全国の小学校の約9割の学級は35人以下で、36人以上の学級があるのは東京都など都市部に偏っている。

教科担任制

　中央教育審議会（文部科学相の諮問機関）は2021年1月、小学5、6年の授業に、中学校のような「教科担任制」を22年度から本格導入するよう求める答申をまとめた。対象とすべき教科として外国語（英語）、理科、算数を挙げた。7月には文科省の有識者会議が体育も含める案を出した。

　文科省が18年度に全国の公立小に行った調査では、6年生で教科担任を置いているのは音楽で55.6％、理科で47.8％、国語は3.5％、算数は7.2％、外国語活動は19.3％だった。小学5、6年で専門性が高くなる算数や理科などの教科は、授業準備などの負担が大きい。また、20年度から英語が小5・6で正式な教科となり、プログラミング教育も必修化された。教科ごとに専門の教員が指導する教科担任制を拡充することで、教員の負担軽減と、授業の質の向上を図る狙いがある。

公立小教員倍率、過去最低に

2020年度に採用された公立小学校教員の採用倍率が、過去最低となった。文部科学省によると、20年度に採用された小学校教員1万6693人に対し、受験者は4万4710人。全国平均で2.7倍だった。中学校（5.0倍）と高校（6.1倍）の採用倍率の全国平均も前年度を下回った。

ここ数年、教員の大量退職期が続いて採用が増えた一方、学校現場の長時間労働などを嫌って民間企業を目指す人が増えたことが要因とみられる。21年度から段階的に公立小が「35人学級」〔●75ページ〕になることもふまえ、文科省は小中両方の教員免許を取りやすくするなどして、受験者数増加を目指す。

教員の多忙

2018年の経済協力開発機構（OECD）の国際調査で、日本の教員の1週間の仕事時間は、中学校、小学校ともに最長だった。一方、教員としての知識や専門性を高めるための「職能開発」に費やす時間は、小中ともに参加国で最低だった。

中学教員の1週間の仕事
OECDまとめ　★…参加国・地域で最長　日本

項目	日本	48カ国・地域の平均
仕事時間の合計 ★	56.0 時間	38.3
授業時間	18.0	20.3
課外指導 ★	7.5	1.9
事務業務 ★	5.6	2.7
授業準備	8.5	6.8
職能開発	0.6	2.0

長時間労働が教員のなり手不足の一因になっていることを受け、変形労働時間制を盛り込んだ改正教職員給与特措法が19年12月に成立。残業の上限を「月45時間、年360時間」とし、忙しい時期に労働時間を延ばす代わりに、夏休みに休日をまとめ取りすることなどが可能となった。

教員免許更新制、廃止へ

　教員免許更新制について、萩生田光一文部科学相（当時）は2021年8月、早ければ23年度から廃止する方針を表明した。文科省は22年の通常国会で必要な法改正を目指す方向だ。更新講習の代わりに、オンラインによる教員研修の充実などが検討されている。

　教員の資質確保を目的に第1次安倍政権が法改正し、麻生政権下の09年度に更新制が始まった。無期限だった幼稚園や小中高校などの教員免許に10年の期限を設け、期限が切れる前に講習を受けなければ失効する仕組み。ただ、夏休みなどに自費で受ける講習は多忙化する教員に不評で、定年退職前の早期退職など、教員不足の一因とも指摘された。更新を忘れる「うっかり失効」も相次いでいた。

教員の性暴力防止法

　児童生徒にわいせつ行為をした教員を学校現場に戻さないための新法「教員による性暴力防止法」が、2021年5月、成立した。公布後1年以内に施行される。

　新法は、教員による児童生徒や18歳未満に対する性交やわいせつ行為などを、同意の有無を問わず「児童生徒性暴力」と定義し、禁止を明記。これまでは、懲戒免職になり教員免許を失効しても3年たってから申請すれば自動的に再交付を受けられたが、再交付を拒否できる権限を都道府県教育委員会に与える。

　文部科学省によると、19年度は児童生徒へのわいせつ行為で公立小中高校などの教職員121人が免職となった。過去には再交付された免許で別の教委に採用され、再びわいせつ行為をした事例もあった。

医療・福祉、労働、教育

チェックドリル

Question

☐ **1** 新型コロナウイルス対応の改正特別措置法で導入された、緊急事態宣言の前段階で飲食店への休業・営業時間短縮などを要請・命令できる措置を何というか。

☐ **2** 「パンデミック」は日本語でどういう意味か。

☐ **3** スマートフォンやタブレット端末などを使って、医師と患者が対面せずに行う診察を何というか。

☐ **4** 2022年度後半から、一定以上の収入がある75歳以上の医療費の自己負担が引き上げられる。何割になるか。

☐ **5** 米製薬大手バイオジェンと日本のエーザイが開発した「アデュカヌマブ」は、何という病気に向けた治療薬か。

☐ **6** iPS細胞の作製に成功して、2012年にノーベル医学生理学賞を受賞したのは誰か。

☐ **7** 妊婦の血液だけで、ダウン症など胎児の3種類の染色体異常がわかる検査を何というか。

Answer

1 まん延防止等重点措置

2 世界的な大流行

3 オンライン診療

4 2割

5 アルツハイマー病

6 山中伸弥

7 新型出生前診断（NIPT）

Question	Answer
8 受精卵の段階で遺伝情報を調べ、重い遺伝病にならない受精卵を子宮に戻す検査方法を何というか。	8 着床前診断
9 年収が高い一部の専門職について、労働時間規制の対象から外す制度を何というか。	9 高度プロフェッショナル制度
10 仕事が終わってから次に仕事を始めるまでに一定の休息時間をおくことを何というか。	10 勤務間インターバル
11 希望者に70歳まで働ける機会を確保することを企業の努力義務として定めた法律は何というか。	11 高年齢者雇用安定法
12 2021年度の最低賃金（時給）は、全国加重平均でいくらか。	12 930円
13 実際に働いた時間ではなく、労使で決めた時間だけ働いたとみなして賃金を払う制度を何というか。	13 裁量労働制
14 全国の小中学生に「1人1台」のパソコンやタブレット端末など学習用コンピューターを配備する計画を何というか。	14 GIGAスクール構想
15 2009年度に始まったが、教師の多忙化などにつながるとして、廃止されることになった制度は何か。	15 教員免許更新制

環境・国土・交通

パリ協定

2020年以降の新たな温暖化対策の枠組み。15年12月にパリで開かれた国連気候変動枠組み条約第21回締約国会議（COP21）で採択され、16年11月に発効した。

1997年に採択された京都議定書では先進国にだけ温室効果ガスの削減を義務づけたが、パリ協定ではすべての国が削減に取り組む義務を負う。

温暖化による危機的な影響を防ぐため、産業革命前からの気温上昇を2度よりかなり低く、できれば1.5度に抑えることが目標。そのために今世紀後半に世界全体で温室効果ガスの排出を「実質ゼロ」にすることをうたう。各国は温室効果ガス削減目標などの対策を練り、5年ごとに見直す。

菅義偉首相（当時）は20年10月、50年に温室効果ガスの排出を「実質ゼロ」にすると宣言。21年4月には、30年度に13年度比で「46％削減」にする中間目標を打ち出し、従来の「26％削減」から7割以上引き上げた。ただ、従来目標に対して19年度時点で14％減にとどまっており、削減ペースを急激に上げる必要がある。

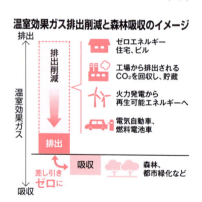

温室効果ガス排出削減と森林吸収のイメージ

関連用語　「実質ゼロ」

大量の二酸化炭素（CO₂）を出す火力発電を減らして太陽光や風力などの再生可能エネルギーを増やしたり、省エネの徹底やガソリン車から電気自動車や燃料電池車への転換を進めたりして排出を減らす。それでも足りない分は、植物などが吸収する分を差し引いて収支で「ゼロ」になるようにすること。

IPCC第6次評価報告書

　国連の気候変動に関する政府間パネル（IPCC）は2021年8月、地球温暖化の科学的根拠をまとめた報告書の最新版（第6次評価報告書）を公表した。IPCCが総合的な報告書を公表するのは14年以来7年ぶり6回目。

　報告書では、温暖化が人間の影響によることは「疑う余地がない」と、表現を強めて断言。産業革命前からの気温上昇が40年までに1.5度に達するとの見通しを示した。気象への影響は、確実性にばらつきがあるものの、熱波が起こりやすくなり、農業や生態系に影響する干ばつも増え、豪雨も増えるという。氷河の消失や海面上昇は、長ければ数千年続くとも予測する。

　今後、多くの化石燃料を使い続けると、今世紀末までに気温は4.4度上昇する。しかし50年ごろまでに温室効果ガス排出を実質ゼロにし、植林や回収で大気中の二酸化炭素を減らせば、上昇幅は一時的に1.5度を超えても、今世紀末に1.4度に戻る可能性があることも示された。

再生可能エネルギー

　太陽光や風力、水力、地熱などの自然の力や、動物の排泄物や枯れ葉などの生物資源（バイオマス）を生かした新しいエネルギー。石油など化石燃料のような資源の枯渇がないことや、環境対策、福島第一原発事故後の「脱原発」の世論の高まりを受け、注目度が高まっている。発電事業者が大手電力会社に長期間、比較的高い固定価格で電気を買い取ってもらえるFIT制度もあり、総電力量に占める再生可能エネルギーの発電割合は、2010年度の9.5%から19年度には約18%と、ほぼ倍増した。

プラスチックごみの海洋汚染

適切に処理されずに自然界に捨てられたプラスチックごみが、国際的な課題となっている。レジ袋やペットボトルなどのプラごみが紫外線などで劣化して細かく砕けて、雨水にまじって川から海へ流れ込む。回収が難しく、分解もされないため、海にたまる一方となっており、魚や鳥の体内から確認されている。食物連鎖で人間を含む多くの動物に悪影響を及ぼす恐れが指摘されている。

1年間に海に流れ込む量は少なくとも年800万ｔにのぼり、2050年には海中のプラスチックが世界中の魚の総重量を超えると予測される。

コンビニ使い捨てスプーン、有料や代替に

プラスチック製の使い捨てスプーンやストローなどの削減やリサイクルを促す新法「プラスチック資源循環促進法」が2021年6月、成立した。22年春にも施行される。無料で配っているコンビニや飲食店などに対し、有料化や代替素材への切り替えなどを義務づける。対象は、クリーニング店のプラ製ハンガーや、ホテル客室の歯ブラシなど、12品目。国内で排出されるプラごみ年間約900万ｔのうち、使い捨てスプーンやストローなどのプラ製品は約10万ｔにのぼる。

南海トラフ地震

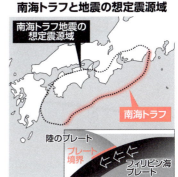
南海トラフと地震の想定震源域

　南海トラフ地震は、静岡県の駿河湾から九州東方沖まで約700kmにわたって続く、深さ約4千mの海底のくぼみ「南海トラフ」で想定される地震。陸側のユーラシアプレートの下に海側のフィリピン海プレートが沈み込んでおり、境界にたまったひずみによる「プレート境界型（海溝型）」のマグニチュード（M）8前後の地震が、約100～150年間隔で繰り返されている。

　政府の中央防災会議は2019年5月、これまでの最大想定死者・行方不明者数約32万3千人が、同23万1千人に減少したとする最新の試算を示した。全壊や焼失する最大想定建物数も約238万6千棟から約209万4千棟に減った。津波から避難する意識の向上や建物の改修、感震ブレーカーの普及などが主な要因。建物倒壊による復旧費など直接的な経済被害額は、近年の建築資材の高騰などが影響し、約169兆5千億円から約171兆6千億円に増加した。

関連用語　**首都直下地震**

　南関東直下の地震について、国の地震調査委員会は30年以内にM7級の地震が70％の確率で起きると予測している。東京都は2012年4月、首都直下地震の都内の死者数を約9700人とする想定を公表した。

　東京都心は1923年の関東大震災以来、震度6以上の揺れに見舞われていない。発生すれば一極集中が進んだ近代都市が初めて経験する大地震だけに、想定しきれない被害が出る恐れがある。

福島第一原発処理水の海洋放出

政府は2021年4月、東京電力福島第一原発の処理水を海洋放出する処分方針を決めた。方針が決まるのは事故後10年で初めて。23年ごろから放出が始まる見通しだ。

福島第一原発では、事故で溶け落ちた核燃料（燃料デブリ）を水で冷やし続けており、高濃度の放射性物質を含む水に、建屋に流入した地下水などが加わり、汚染水が増え続けている。くみ上げた汚染水は、ほとんどの放射性物質を取り除ける多核種除去設備（ALPS）で処理済み汚染水にし、タンクで保管している。すでに東京ドーム1杯分にあたる約125万tに達しており、23年春ごろにタンクが満杯になるという。

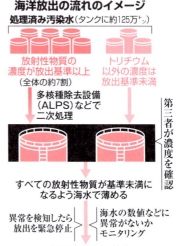

基本方針では、処理済み汚染水を、再びALPSで処理したうえで海水で薄めた処理水にする。通常の原発から放出する法定基準より十分低くして福島第一原発から放出する。その際、ALPSで取り除けない放射性物質トリチウムの濃度は、法定基準の40分の1以下にする。

政府や東電は風評被害対策を徹底することで、方針への理解を得たい考え。最初は少量ずつ放流し、国際原子力機関（IAEA）などの協力も得て環境影響を監視、情報を公開していく。廃炉を完了する2041～51年に、処分を終える方針だ。

川辺川ダム計画、再開へ

　熊本県の蒲島郁夫知事は2020年11月、球磨川の支流・川辺川への治水専用ダム建設を認める考えを表明した。

　川辺川ダム計画は、九州最大級のダム計画として旧建設省が1966年に発表。しかし、全国有数の清流で知られる球磨川の環境保護のためダム建設に反対する住民世論を受け、蒲島知事が2008年に「白紙撤回」を表明。翌年に旧民主党政権が中止を表明して以降、地元と国はダム以外の治水策を協議してきた。しかし、球磨川流域で6千戸以上が浸水した20年7月の豪雨災害を受けて方針転換した。

線状降水帯

　暖かく湿った空気が断続的に流れ込み、上昇気流によって複数の積乱雲が一列に並ぶ「バックビルディング現象」が起きて雨が降り続く降水域。

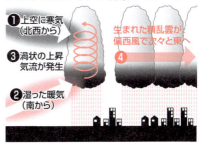
バックビルディング現象のイメージ

　気象庁気象研究所によると、線状降水帯ができる条件として、①通常よりも上空が湿っていて気温が低い②下層（地上や海上付近）に大量の水蒸気があり、継続的に供給される③上空、下層ともに風が強く、風向きは異なる——ことなどがあげられる。通常の積乱雲は直径が約10kmで、1時間ほどで消えるが、線状降水帯は幅20〜30km、長さ50〜100kmの範囲で積乱雲が繰り返し発生し、数時間は激しい雨が続く。台風を除き、国内の集中豪雨の約3分の2は線状降水帯が原因とされる。

熱中症警戒アラート

熱中症への注意を呼びかける新しい警報。環境省と気象庁が2020年7月から関東甲信9都県で始め、21年4月には対象が全国に広がった。気温や湿度、日差しの強さなどによる「暑さ指数」（WBGT）が33度以上と予想された場合に、前日の午後5時と当日の午前5時の2回、全国を58地域に分けた気象庁の予報区ごとに発表する。登録メールや、自治体や報道などを通じて知らせる。

全国の熱中症による死者数は18年以降、年間1千人超で推移しており、高齢者が8割を占める。予防策を促すことで、発症の被害を減らすのが狙い。これまで気象庁が、最高気温がおおむね35度以上の予想で高温注意情報を発表してきた。しかし、最近の研究で、暑さ指数を用いた方が熱中症の救急搬送者数を的確に予測できるようになったという。

暑さ指数（WBGT）

熱中症の危険度を判断する数値として、環境省が2006年から公表している。気温と湿度のほか、地面や建物などから出る「輻射熱」から算出する。単位は気温と同じ「℃」。同省のインターネットサイトで、全国840地点の2日先までの予測値や、実測値・実況推定値を見ることができる。

日常生活に関する指針 環境省熱中症予防情報サイトから

温度基準 （WBGT）	注意すべき 生活活動の目安	注意事項
危険 （31℃以上）	すべての生活活動で 起こる危険性	高齢者においては安静状態でも発生する危険性が大きい。 外出はなるべく避け、涼しい室内に移動する。
厳重警戒 （28〜31℃）		外出時は炎天下を避け、室内では室温の上昇に注意する。
警戒 （25〜28℃）	中等度以上の生活 活動で起こる危険性	運動や激しい作業をする際は定期的に充分に休息を取り入れる。
注意 （25℃未満）	強い生活活動で 起こる危険性	一般に危険性は少ないが激しい運動や重労働時には発生する危険性がある。

スペースジェット

　三菱重工業の子会社・三菱航空機が開発を進める国産初のジェット旅客機。「MRJ＝ミツビシ・リージョナル・ジェット」の名称だったが、「リージョナル」に「地域の」という意味があり、客席が狭いイメージがあるとの指摘もあったため、「広々とした」という英語「スペーシャス」にちなんだ名に変えた。

　しかし、2021年度以降に目指していた事業化は当面、困難な状況に陥った。新型コロナウイルスの感染拡大によって顧客の航空会社が打撃を受けたためだ。三菱重工は20年10月、今後３年間の開発費を過去３年分と比べて20分の１ほどの規模に絞る計画を発表した。08年に始めた開発は難航しており、20年２月には６度目の納入延期を発表。約300機を受注していたが、納入時期は見通せない。

エア・ドゥとソラシドが経営統合

　北海道が拠点のエア・ドゥ（札幌市）と九州・沖縄が拠点のソラシドエア（宮崎市）は2021年５月、経営統合に合意した。22年10月をめどに共同持ち株会社をつくる。

　エア・ドゥは新千歳を中心に道内と本州の主要都市を結ぶ10路線を、ソラシドは九州を拠点に那覇など14路線を持つ。しかし、コロナ禍で利用が低迷。21年３月期決算は、純損益がエア・ドゥは121億円の赤字、ソラシドが76億円の赤字となり、ともに過去最大の赤字幅だった。経営統合で業務を効率化してコスト削減と収益改善を目指す。２社のブランドは残し、事業運営の独立性は維持するという。

　エアアジア・ジャパンが20年秋に経営破綻するなど、コロナ禍は、国内外の航空会社の経営を大きく揺さぶっている。

鉄道に変動運賃導入を検討

　需給に応じ時間帯などで価格を変える「ダイナミックプライシング」の鉄道運賃への導入を、国土交通省が検討している。混雑する通勤時の運賃を高く設定したり、すいている日中は値下げしたりして、乗客を分散させる効果を狙う。

　すでに宿泊施設の料金や航空券などでは定着している。航空機や高速バスでは普及したが、通勤や通学の足となる鉄道は「社会の理解が得られない」と導入が見送られてきた。しかし、JR東日本と西日本が2020年、変動運賃制の検討を表明。新型コロナウイルスの影響で乗客が減り、経営が大幅に悪化したことが背景にある。乗客の分散がうまくいけば、通勤時間帯に多く配置している車両や人員を減らし、コストカットを進められる。

鉄道、手荷物検査が可能に

　東京五輪・パラリンピック〔◎120ミ゙〕に向けて、鉄道会社が鉄道利用客に対して手荷物検査を行えるようにするため、国土交通省は2021年6月、関係省令を改正した。

　鉄道への危険物の持ち込みは鉄道営業法に基づく鉄道運輸規程で禁止されている。だが、18年に東海道新幹線の車内で乗客3人が刃物で殺傷されるなど、危険物による事件が相次いで発生。東京五輪に向けたテロ対策強化も求められる中、国交省が導入を検討していた。「手荷物等の点検を行うことができる」との規定を新設し、客が拒否した場合には「客車または鉄道地内からの退去を求めることができる」と明記した。五輪後の大規模イベント時などでの実施にもつなげたい考えだ。

リニア中央新幹線

　JR東海が計画しているリニアモーターカー。超電導磁石で車体を浮かせて走る。最高時速505kmで、開通すると東京・品川－名古屋間は40分、品川－新大阪間は67分でつながる。国が金融機関などから集めたお金を低金利で長期に貸し付ける「財政投融資」の仕組みを使い、建設費を支援する。

　2027年の品川－名古屋間の開業へ向けて、JR東海は14年に建設を始めた。しかし、南アルプスを貫く約9kmのトンネルをめぐり、JR東海と静岡県が対立。JR東海は20年6月中の着手が必要としていたが、大井川の水量が減るとして環境への悪影響を心配する静岡県の川勝平太知事は工事を認めなかった。21年6月の知事選で川勝氏が再選を果たしたため、27年の開業は絶望的とみられている。

電動キックボード

　前後に車輪がある板の上に立ち、ハンドルで操作する乗り物。モーターが付いており、最高時速20km程度まで加速できる製品が多い。道路交通法では原付きバイク（原動機付き自転車）と同じ扱いで、車道しか走れず、免許やヘルメットが必要だ。

　免許を返納した高齢者の移動手段や、コロナ禍で「密」を避ける交通手段として需要は増しており、実証実験が東京や大阪市、福岡市などで行われている。国の特例で認められた事業者の車両はヘルメットなしで乗ることができ、自転車レーンなども走れる。警察庁の有識者検討会も電動キックボードや立ち乗り電動二輪車などの「電動モビリティー」について、新たな交通ルールを検討している。一方、ひき逃げや無免許運転で逮捕される事件も起きている。

時事問題

環境・国土・交通

✓ チェックドリル

Question	Answer
1 2020年以降の温暖化対策の国際枠組みを何というか。	1 パリ協定
2 国連気候変動枠組み条約締約国会議の英略語は何か。	2 COP
3 政府は2021年4月に、30年度の温室効果ガスの新たな削減目標を表明した。13年度比で何%削減する方針か。	3 46%
4 国連の気候変動に関する政府間パネルの英略語を何というか。	4 IPCC
5 太陽光や風力、水力などの自然の力や生物資源を使ったエネルギーは何と呼ばれるか。	5 再生可能エネルギー
6 2019年度の5による発電割合は何%か。	6 約18%
7 2021年6月に成立した、プラスチック製の使い捨てスプーンやストローなどの削減やリサイクルを促す新法を何というか。	7 プラスチック資源循環促進法
8 静岡県の駿河湾から九州東方沖まで約700kmにわたって続く、深さ約4千mの海底のくぼみを何というか。	8 南海トラフ

Question	Answer
☐**9** 8にあるプレートは、ユーラシアプレートともう一つは何プレートか。	9 フィリピン海プレート
☐**10** ほとんどの放射性物質を取り除ける多核種除去設備の英略語を何というか。	10 ALPS
☐**11** 環境保護のためいったん「白紙撤回」されたが、豪雨災害を受けて2020年11月に熊本県知事が建設を認めたダムを何というか。	11 川辺川ダム
☐**12** 積乱雲が次々と発生して帯状に並び、大雨をもたらす降水域を何というか。	12 線状降水帯
☐**13** 気象庁と環境省が2021年4月から全国で始めた、熱中症への注意を呼びかける警報を何というか。	13 熱中症警戒アラート
☐**14** 熱中症の危険度を判断する数値として、環境省が2006年から公表している指数を何というか。	14 暑さ指数
☐**15** 三菱航空機が開発を進める国産初のジェット旅客機は何というか。	15 スペースジェット
☐**16** 2021年5月にエア・ドゥとの経営統合に合意した航空会社はどこか。	16 ソラシドエア
☐**17** リニア中央新幹線の建設を進めている企業はどこか。	17 JR東海

科学・技術

真鍋淑郎氏、ノーベル物理学賞受賞

　2021年のノーベル物理学賞を、地球温暖化の予測法を開発した米国プリンストン大上級研究員の真鍋淑郎さんら3人が受賞した。日本のノーベル賞受賞は28人目になる。物理学賞では12人目。

　真鍋さんは1960年代に地球の大気の状態の変化をコンピューターで再現する方法を開発。大気中の二酸化炭素（CO_2）が増えると地表の温度が上がることを数値で示した。コンピューターの性能が低かった当時、真鍋さんは、大気を地上から上空までの1本の柱として単純化して計算した。その後も計算方法を改良し、気温や気圧、風向きといった大気中の複雑な現象を物理的な法則に基づいて数式に置き換え、コンピューターで計算する方法の基礎をつくった。共同受賞した研究者らの貢献で精度が高まった。

　現在では、CO_2が増えると地球全体で平均気温が上昇することが、スーパーコンピューターを使った計算結果と実際の観測データで一致している。真鍋さんの研究は、国連の気候変動に関する政府間パネル（IPCC、●81ページ）の報告書にも生かされ、温暖化対策は緊急の課題となっている。

真鍋淑郎　1931年、愛媛県生まれ。58年に東京大大学院を修了して博士号を取得。同年に米国気象局（当時）研究員。97年に日本の海洋科学技術センター（当時）領域長。2005年からプリンストン大上級研究員。1975年に米国籍を得て、米国に在住する。

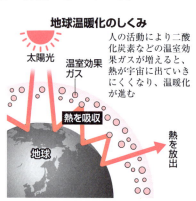

地球温暖化のしくみ

人の活動により二酸化炭素などの温室効果ガスが増えると、熱が宇宙に出ていきにくくなり、温暖化が進む

ゲノム編集

遺伝子を狙った部分で切ったり、置き換えたりする技術。細胞内の遺伝子の特定の場所に結合する性質を持ったRNA分子とDNAを切断する酵素を組み合わせたCRISPR／Cas9が2012年に開発されると、使いやすさから急速に普及。開発した米仏の２氏は、ノーベル化学賞を受賞した。

放射線を照射して人為的に突然変異を起こす従来の品種改良や遺伝子組み換え技術に比べ、飛躍的に効率が良く、農作物や家畜の性質を改良する研究が進む。日本でも収穫量の多いイネなどの開発が進んでおり、19年に「ゲノム編集食品」のルールができた。外から遺伝子を加える場合は遺伝子組み換え食品と同様の審査を求める。一方、遺伝子を加えない場合は、従来の品種改良の方法と区別ができないことなどから任意の届け出制となった。21年９月にはゲノム編集技術を使って作られた血圧の上昇を抑えるトマトの販売が始まった。未知の技術に対する不安は強く、今後の普及には消費者の理解が欠かせない。

ゲノム編集を利用してエイズやがんを治療する臨床研究も行われている。だが、ヒトへの応用を考えた場合、狙っていない遺伝子が書き換えられる危険や次世代へのリスクを残すことになる。

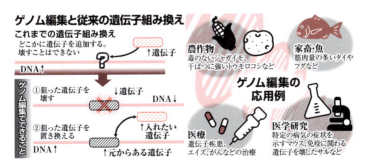

アルテミス計画

　米航空宇宙局（NASA）が主導する月探査計画。半世紀ぶりに有人月探査を目指す。月を回る軌道に宇宙ステーション「ゲートウェー」を建設。ここを拠点に2024年以降、毎年、宇宙飛行士を月に着陸させ、月面に基地を建設して長期滞在する。33年には火星の有人探査を目指す。日本も計画への参加を決定しており、生命維持装置や無人補給船、月面車などの開発を担う。また、日本独自で22年度に月探査機「SLIM」を初着陸させる計画もある。

スペースX

　米国の宇宙企業。電気自動車テスラの最高経営責任者（CEO）でもあるイーロン・マスク氏が、ネット決済「ペイパル」の前身となった会社を興して得た資金で2002年に設立した。

　米航空宇宙局（NASA）から委託を受けて、国際宇宙ステーション（ISS）へ無人補給船を打ち上げるなど宇宙開発分野で実績を重ねている。主力ロケットのファルコン9は回収・再利用が可能で、低コストを実現。打ち上げ費用は1回につき日本のH2Aの半額に近い約60億円と、「価格破壊」をもたらした。20年には、開発したクルードラゴンが民間宇宙船として初めてISSに宇宙飛行士を運んだ。NASAのアルテミス計画では、月面着陸機の開発企業に選ばれている。

スペースXの宇宙船「クルードラゴン」（模型）＝ケネディ宇宙センター

民間宇宙旅行

　米アマゾン創業者のジェフ・ベゾス氏が立ち上げた宇宙企業「ブルーオリジン」が2021年7月、米テキサス州から4人が乗った宇宙船を自社のロケットで打ち上げ、顧客を乗せた世界初の宇宙旅行に成功した。ベゾス氏ら乗船した4人のうち1人は父親が旅費を支払っており、初の宇宙旅行の乗客となった。

　同月、米企業ヴァージン・ギャラクティックも、飛行機型の宇宙船「スペースシップ2」の4度目の試験飛行に成功した。創業者で英実業家のリチャード・ブランソン氏も乗り、22年にも始める商業飛行に向けて安全性をアピールした。すでに1席25万ドルで搭乗券を販売し、約600人が予約している。スペースXも21年9月、クルードラゴンを使った民間人4人の地球周回旅行を成功させるなど、民間による宇宙旅行が本格化しそうだ。

H3

　H2Aの後継となる新型ロケット。2021年度中の初打ち上げを目指して、宇宙航空研究開発機構（JAXA）と三菱重工業が共同で開発している。

　H2Aより一回り大きくなって、重い貨物を宇宙に運べる。H2Aは43機中42機が成功し、成功率97.7％を誇るが、1回あたり約100億円の打ち上げ費用が高すぎて、世界の人工衛星の打ち上げをほとんど受注できていない。H3は打ち上げコストを約50億円にして、この先20年間の日本の宇宙開発の主力にする考え。また、文部科学省は、機体の一部を回収・再使用して打ち上げコストをH3の半額（約25億円）にする、次世代の基幹ロケットの開発も目指している。

AI（人工知能）

　Artificial Intelligence の略。厳密な定義はないが、記憶や学習といった人間の知的な活動をコンピューターに肩代わりさせることを目的とした研究や技術のことを指す。

　現在はAI研究の第3次ブームと呼ばれる。1950〜60年代が「第1次」、80年代が「第2次」で、社会の期待する水準に当時の技術が追いつかなかったため、「ブーム」のまま終わったと言われる。第3次ブームは多くの製品に使われ、実用化が進む点で大きく異なる。スマートフォンの音声応答機能や、工場の生産ラインの制御、販売の需要や株価予測、医療診断など、様々な分野でAIの活用・研究が進んでいる。24時間働き、大量のデータを高速で処理する能力は人にはまねできないため、AIに人間の雇用が奪われることを心配する声もある。

　第3次ブームを起こしたのは、コンピューターが自ら知識を得ていく「機械学習」だ。中でも、ディープラーニング（深層学習）の技術が大きく、急速に発展している。一方、ディープラーニングで答えを導き出しても、なぜそう判断したのかが見えない「ブラックボックス問題」を抱える。AI社会の到来は、社会の備えの必要性も問いかけている。

関連用語　ディープラーニング、シンギュラリティー

　Deep Learning。深層学習。コンピューターが自ら学習して賢くなる「機械学習」の一種。大量のデータを与えることで、コンピューターがデータの特徴を見つけ出す。データを分析するためのネットワークを多層にわたって積み重ねることから「深層学習」と呼ばれる。

　Singularity。技術的特異点。AI（人工知能）がすべての分野において全人類の能力を超えること。すでに計算やチェスなど特定の分野で、AIは人間を上回っている。米国の発明家レイ・カーツワイルは「2045年に起きる。人間の生活が根本的に変わる」と予想するが、実現を疑う声もある。

人新世

人類の活動が、地層に影響を残す、新しい地質時代という意味。ノーベル化学賞を受賞したパウル・クルッツェン博士らが2000年に「Anthropocene」と名づけた。

恐竜がさかえた中生代の「ジュラ紀」や、千葉県市原市にある地層から20年に名づけられた「チバニアン」のように、時代の1区分として正式な地質時代にするかどうか、国際地質科学連合での検討が続いている。時代の始まりとして有力なのは、核実験が繰り返され、放射能汚染の跡が地層に残る1950年代からとする案だ。人新世を特徴づける地層の候補は世界にいくつかあり、大分県の別府湾の海底にある地層もその一つとなっている。

主な地質時代

人新世？
人類が地球環境を激変させる時代
1950年代〜の案が有力

新生代	第四紀 完新世	1万1700年前
	更新世	258万年前
	新第三紀	約2300万年前
	古第三紀	6600万年前
中生代	白亜紀	1億4500万年前
	ジュラ紀	約2億年前
	三畳紀	約2億5000万年前
古生代		約5億4000万年前
先カンブリア時代		46億年前（地球誕生）

スパコン「富岳」

理化学研究所と富士通が開発したスーパーコンピューター。2021年6月、計算速度ランキング「TOP500」で世界一となり、調整中だった20年6月、11月に続き、3連覇を達成した。計算速度は1秒間に44.2京回（京は1兆の1万倍）。

先代の「京」以来9年ぶりに計算速度で世界一になった富岳は、21年3月に本格稼働を始めた。すでに新型コロナウイルス感染症対策の研究で利用されているほか、ゲリラ豪雨の予測や新薬の開発など様々な研究が予定されている。

情報・通信

GAFA

　世界を席巻する米国の大手IT 4社の頭文字をつないだ造語。「G」は検索エンジンのGoogle、「A」はネット通販のAmazon、「F」はソーシャル・ネットワーキング・サービス（SNS）のFacebook、「A」はデジタルデバイスのAppleを指す。

　GAFAなどの巨大IT企業は「プラットフォーマー」と呼ばれ、検索履歴や買い物履歴、情報発信などインターネットのサービスを通じて膨大なデータを収集・分析してビジネスに利用し、圧倒的な存在感を見せる。だが、膨大な個人情報を寡占することに対して、警戒感が高まっている。欧州連合（EU）が2018年にCookieと呼ばれる情報の取得について本人の同意取得を義務づけた一般データ保護規則（GDPR）を導入したほか、米国や日本でも規制強化の動きが出ている。

巨大IT企業規制法が施行

　プラットフォーマーと呼ばれる巨大IT企業を規制する、「特定デジタルプラットフォームの透明性及び公正性の向上に関する法律」が2021年2月に施行された。

　出店者との取引の公正性・透明性を高めるよう促すのが狙い。国民生活や経済への影響が大きく、売上高などが一定規模ある企業を政令で「特定デジタルプラットフォーム」と規定。対象企業には、出店者との契約を解除した場合に判断基準を明かすことや、契約変更をする場合は事前に知らせることなどを義務づける。対象は米国のアマゾンやグーグル、アップル、国内では楽天やヤフー。ただ、新法はIT企業の自主的な取り組みを促す内容が中心で、どこまで実効性のある規制になるかは不透明だ。

デジタル課税

日本など136カ国・地域は2021年10月、GAFAなどの巨大IT企業のような多国籍企業に対する「デジタル課税」制度の創設について最終合意した。創設されるデジタル課税は、対象企業の利益率10％を上回る

利益の25％を売り上げに応じて各国で配分し、課税できるようにする。23年の実施を目指す。

現在のルールでは、工場や事務所などの恒久的な拠点を置く国や地域で法人税を納めることが原則で、ある国の消費者や企業を相手にネット上のビジネスで利益を上げても、その国に拠点がなければ課税することは難しい。デジタル課税で課税対象となる利益は1250億ドル以上とされ、日本も新ルールでIT企業などからの税収が増えるとみられる。

トランプ氏のSNSを凍結

ツイッター社やフェイスブック社など、米SNS各社は2021年1月、トランプ米大統領（当時）のアカウントを相次いで停止した。トランプ氏は20年11月の大統領選後、「大規模な不正があった」などとするキャンペーンを始め、21年1月には議会襲撃事件が起きた〔→31ページ〕。凍結は再発を防ぐための措置としているが、「表現の自由」との関連で議論が起きた。民間企業が大統領の発信を止めることもできるという、IT大手の影響力の大きさが浮き彫りになった。

ヤフーとLINEが経営統合

　ヤフーを傘下に持つZホールディングス（HD）とLINEが2021年3月、経営統合した。

　ヤフーの国内の年間利用者は約8千万人。LINEの月間利用者は約8600万人。国内では、ポータルサイト「ヤフー」や通信アプリ「LINE」を軸にネット通販や金融サービスの強化に力を入れる。20年代前半にネット通販の取扱高でアマゾンや楽天を抜いて国内トップになることを目指す。金融サービスでは、QRコード決済でヤフー系のPayPayとLINEペイを22年4月に統合する。

　また、ZHDはLINEが持つ海外拠点を足がかりに、ネット通販や金融などのサービスをアジアでも広げていく方針だ。「GAFA」〔●98ﾍﾟ〕や、中国IT大手のバイドゥ、アリババ、テンセントを指す「BAT」に対抗しうる「第3極」を目指す。

ヤフーとLINEの手がけるサービス

YAHOO! JAPAN		LINE
1996年	設立	2000年
8000万人 年間ログインユーザー数	会員数	8600万人 月間利用者数
・ヤフーニュース ・スポーツナビ	メディア	LINEニュース
・ヤフーショッピング ・ZOZOTOWN ・アスクル	ネット通販	LINEショッピング
・PayPay ・PayPay銀行	金融	・LINE Pay ・LINE証券
GYAO	コンテンツ	LINE MUSIC
DATA SOLUTION	AI	LINE CLOVA

関連用語　LINE、中国で個人情報を管理

　2021年3月、LINEの個人情報が利用者への説明が不十分なまま中国からアクセスできる状態になっていたことがわかった。業務委託先の中国企業の4人の技術者が日本のサーバーにアクセスしたことが判明しているが、業務に必要なもので不適切なアクセスはないとしている。LINEは、中国からのアクセスを遮断し、韓国のサーバーに保管していた画像や動画などのデータも、すべて国内に移すことを決めた。問題を受け4月、総務省と政府の個人情報保護委員会がそれぞれ改善を指導した。

携帯電話料金値下げ

　携帯電話料金の水準が大きく下がった。菅義偉氏が2020年9月の首相就任後、携帯料金の値下げを目玉政策に掲げたためだ。これを受け、NTTドコモ、KDDI（au）、ソフトバンクの携帯大手3社は21年3月後半から、オンライン専用の新料金プランを開始。20ギガバイトで月額3千円を切り、既存プランより大幅に安くなった。

　ドコモでは新プランahamo（アハモ）の契約件数が4月末までに100万件を超え、KDDIのpovo（ポヴォ）も100万件に迫るという。20年春に税抜き月2980円で参入した楽天も見直しを迫られ、月1千～2千円台のプランが中心の格安スマホ勢もさらなる値下げに踏み込んだ。総務省が発表した4月の消費者物価指数（15年＝100）で、携帯電話料金の水準が1年前の同じ月より26.5％下がり、下落幅は過去最大となった。

　菅前首相が携帯値下げにこだわった背景には、国際比較で割高な料金を安くして家計が使えるお金を増やし、消費を盛り上げるという狙いがあった。ただ、各社は5Gへの投資が必要で、値下げで投資が減速するとの懸念も出ている。

SIMロック、原則禁止に

　携帯会社が携帯電話やスマートフォンの端末を設定し、他の通信会社のカードでは通信できないようにするSIMロック。総務省は、2021年10月以降に販売する端末について、SIMロックを原則禁止にした。携帯大手は、利用者が分割払いで購入したスマートフォンを持ち逃げするのを防ぐためとして、端末にSIMロックをかけ、これが顧客の囲い込みにもつながっていた。利用者は他社への乗り換えが簡単になるため、料金やサービスの競争激化につながりそうだ。

5G（第5世代移動通信方式）

次世代高速移動通信方式。GはGenerationの頭文字。携帯大手3社が2020年3月から、楽天も同9月からサービスを始めた。

5Gは、4Gの最大数十倍の高速通信が可能だ。大容量の2時間の映画をダウンロードするのに4Gでは5分かかるが、5Gでは3秒でできる。複数の視点でのスポーツ映像の観戦などもできる。また、通信の遅れが少なく、自動運転や遠隔医療〔●62ﾍﾟ〕など、スマートフォンと直接関係のない産業分野でも恩恵が行き渡ると期待される。

各社とも通信網は整備中で、しばらくは地域・能力ともに限定的となる。利用者が5Gのフル機能を実感できるのは早くても23年以降になる見通し。

NTTがドコモを完全子会社に

NTT（持ち株会社）がNTTドコモの完全子会社化に向けた株式公開買い付け（TOB）が2020年11月に成立し、同12月にドコモは完全子会社となった。費用は4兆2千億円で、TOBとしては国内最大規模。ドコモの東証1部への上場は廃止になった。

1985年の民営化以降、競争を促す政府の方針によってNTTグループは分割再編を重ねてきた。ドコモは92年に分離したが、今回の完全子会社化により28年ぶりに一体となった。完全子会社化は、親子上場の解消による意思決定の迅速化や海外事業の強化が狙い。外部に流れていた配当金を取り込むなどして、NTTは携帯料金値下げの原資にもなるとみている。競合他社からは、「独占回帰」などの批判の声が出ている。

楽天、中国テンセントと資本提携

楽天は2021年3月、対話アプリ微信（ウィーチャット）を展開する中国IT大手、テンセントの子会社から約657億円の出資を受けた。日本郵政から約1500億円、米小売り大手ウォルマートから約166億円などと合わせて、総額約2400億円にのぼる1997年の創業以来最大規模の増資で、資金は当面、20年に本格参入した携帯電話事業に投じる。

楽天はテンセント子会社の出資について、純投資と説明している。ただ、テンセントとの関係が、海外の事業展開でデータ保護などをめぐって中国と対立する米国での事業に影響を及ぼすことを懸念する向きや、日本政府関係者からは安全保障上の懸念を指摘する声がある。

サイバー攻撃

通信などのネットワークに侵入して破壊したり情報を盗んだりする行為で、電力や交通などの重要インフラが機能不全になる恐れもある。警察庁によると、不正アクセスなどのサイバー犯罪の摘発件数は年々増加し、2020年は9875件にのぼった。また、サイバー攻撃の予兆・実態を把握するための警察庁の検知システムでは、不審なアクセスを1日平均6506件観測。5年間で4倍近くに増えている。

時事問題

科学・技術、情報・通信

✓ チェックドリル

Question	Answer
1 気候変動予測の研究で2021年のノーベル物理学賞を受賞した日本出身の研究者は誰か。	1 真鍋淑郎（まなべしゅくろう）
2 米航空宇宙局（NASA）が主導する、半世紀ぶりの有人月着陸を目指す月探査計画を何というか。	2 アルテミス計画
3 クルードラゴンやファルコン9を開発した米国の宇宙企業を何というか。	3 スペースX
4 ③を創業したのは誰か。	4 イーロン・マスク
5 米アマゾンの創業者ジェフ・ベゾス氏が立ち上げた宇宙企業を何というか。	5 ブルーオリジン
6 宇宙航空研究開発機構（JAXA）と三菱重工業が開発を進めるH2Aの後継ロケットを何というか。	6 H3
7 遺伝子を狙った部分で切ったり、置き換えたりする技術を何というか。	7 ゲノム編集
8 理化学研究所と富士通が開発し、2021年6月に計算速度で3連覇を達成したスーパーコンピューターを何というか。	8 富岳

Question	Answer
☐**9** コンピューターが自ら学習して賢くなる機械学習の一種で、日本語で「深層学習」と呼ばれる学習方法を何というか。	9 ディープラーニング
☐**10** 地質時代の正式な区分として位置づけることを国際組織が検討している、「人類が地球に大きな影響を与えた時代」を何というか。	10 人新世
☐**11** 大手IT 4社「GAFA」の「F」に該当する企業はどこか。	11 フェイスブック（Facebook）
☐**12** 2021年10月に創設に合意した、GAFAなどの巨大IT企業のような多国籍企業に対する課税制度を何というか。	12 デジタル課税
☐**13** 2021年3月に、ヤフーを傘下に持つZホールディングスと経営統合した企業はどこか。	13 LINE
☐**14** 携帯会社が携帯電話やスマートフォンの端末を設定し、他の通信会社のSIMカードでは通信できないようにすることを何というか。	14 SIMロック
☐**15** 2020年3月にサービスが始まった次世代高速移動通信方式を何というか。	15 5G
☐**16** 通信などのネットワークに侵入して破壊したり情報を盗んだりする行為を何というか。	16 サイバー攻撃

文化

世界遺産

1972年にユネスコ（国連教育科学文化機関）で採択された「世界の文化遺産及び自然遺産の保護に関する条約」に基づいて登録される遺産。貴重な自然や人類の宝を守るため、国際協力を実現するのが目的で、文化遺産、自然遺産、その両方を兼ね備えた複合遺産がある。天災や戦争などで危機に瀕した遺産として、危機遺産リストに登録されるものもある。登録件数は2021年現在、１千件を超えており、近年は登録を抑制する傾向にある。

21年７月、「奄美大島、徳之島、沖縄島北部及び西表島」（鹿児島、沖縄両県）が世界自然遺産に登録された。世界的に希少な固有種や絶滅危惧種が多く、豊かな生物多様性を守るために重要な地域であることが評価された。国内の自然遺産は５件目。

また、国の特別史跡「三内丸山遺跡」（青森市）をはじめとした「北海道・北東北の縄文遺跡群」（北海道と青森、岩手、秋田の３県）も、世界文化遺産に登録された。国内の文化遺産は20件目で、紀元前の遺跡は初めて。

日本の世界遺産（2021年までの25件、登録順。＊は自然遺産）

法隆寺地域の仏教建造物／姫路城／屋久島＊／白神山地＊／古都京都の文化財／白川郷・五箇山の合掌造り集落／原爆ドーム／厳島神社／古都奈良の文化財／日光の社寺／琉球王国のグスク及び関連遺産群／紀伊山地の霊場と参詣道／知床＊／石見銀山遺跡とその文化的景観／平泉―仏国土（浄土）を表す建築・庭園及び考古学的遺跡群／小笠原諸島＊／富士山―信仰の対象と芸術の源泉／富岡製糸場と絹産業遺産群／明治日本の産業革命遺産　製鉄・製鋼、造船、石炭産業／ル・コルビュジエの建築作品（国立西洋美術館）／「神宿る島」宗像・沖ノ島と関連遺産群／長崎と天草地方の潜伏キリシタン関連遺産／百舌鳥・古市古墳群／奄美大島、徳之島、沖縄島北部及び西表島＊／北海道・北東北の縄文遺跡群

「世界の記憶」登録に新制度導入

ユネスコ（国連教育科学文化機関）は2021年4月、歴史的な資料を後世に引き継ぐことを目指す「世界の記憶」（旧・記憶遺産）について、加盟国が反対すれば登録されない新しい仕組みの導入を決めた。

旧制度では、個人やNGOも申請ができ、専門家でつくる国際諮問委員会（IAC）の勧告に基づいてユネスコ事務局長が登録を決めていた。しかし、15年に「南京大虐殺の記録」が登録され、16年には日中韓などの民間団体が旧日本軍の慰安婦に関する資料の登録を申請。反発した日本政府が制度の見直しを訴えたため、改正案の議論が進められてきた。

新制度は、申請を政府に限定する。申請内容の公開後、90日以内に加盟国が異議を申し立てれば、当事国間で合意しない限り、登録されない仕組みになる。最終承認は事務局長ではなく、加盟国でつくる執行委員会が担う。

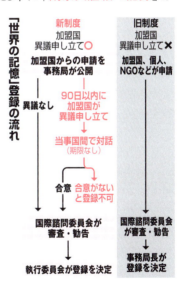

「世界の記憶」登録の流れ

新制度
加盟国異議申し立て〇
加盟国からの申請を事務局が公開
↓
異議なし／90日以内に加盟国が異議申し立て
↓
当事国間で対話（期限なし）
↓
合意／合意がないと登録不可
↓
国際諮問委員会が審査・勧告
↓
執行委員会が登録を決定

旧制度
加盟国異議申し立て✕
加盟国、個人、NGOなどが申請
↓
国際諮問委員会が審査・勧告
↓
事務局長が登録を決定

関連用語　伝統建築技術が無形文化遺産に

「伝統建築工匠の技：木造建造物を受け継ぐための伝統技術」が2020年12月、ユネスコ（国連教育科学文化機関）の無形文化遺産に登録された。奈良・法隆寺など歴史的な木造建造物の保存修理に欠かせない、「建造物木工」や「檜皮葺・こけら葺」「左官（日本壁）」など、17件の技術。国内から登録された無形文化遺産は22件となった。

ライブ配信市場、20年は448億円

　コロナ禍で、有料のオンラインライブ市場が急成長している。ぴあ総研は2021年2月、20年の市場規模は448億円に達したと推計する調査を発表した。市場規模は20年4〜6月期が11億円、7〜9月期64億円、10〜12月期373億円。対象は音楽や演劇、お笑い、伝統芸能などの有料オンラインイベント。利用実態について18〜69歳の約3万人にたずねると、回答者の18.8%が視聴を経験したという。18〜29歳の女性では4割近くが利用していた。ジャンル別では、「邦楽ロック・ポップス」が8.2%で最も多く、「アイドル」（5.3%）、「アニソン・声優」（2.2%）、「お笑い」（2.1%）と続いた。ただ、オンラインライブの市場全体のうち、上位10公演が3分の2を占めた。嵐やサザンオールスターズなど、巨大なファン層を抱えるビッグネームが多額の収益を生み出す一方、多くの公演では収益化が難しいのも現状だ。

　一方、コロナ前の19年に約6300億円だったリアルのライブエンターテインメント市場は、20年には約1300億円となり、前年比で5千億円程度の市場が消失したと推計する。

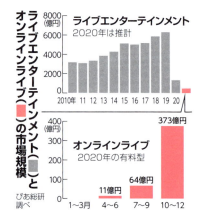

関連用語　投げ銭

　大道芸人などに対して小銭を投げるように、視聴者がライブ配信者などに対して、インターネットを通じてお金を払える仕組み。配信者は広告以外の収入を得られる。音楽やゲーム実況、演劇、スポーツなどで広がっている。

ゲーム市場にコロナ特需

　新型コロナウイルスの感染拡大による外出自粛に伴う「巣ごもり」需要で、2020年の家庭用ゲーム市場は大いに盛り上がった。ゲーム機本体のほかソフト販売も好調だった。

　ソニーグループは家庭用ゲーム機「プレイステーション」（PS）が売れまくり、ゲームソフトをインターネット経由で買える仕組みも奏功し、21年3月期決算では1兆円近い営業利益の約3分の1をゲーム事業が稼いだ。任天堂も営業利益と純利益が過去最高だった。人気ソフト「あつまれ　どうぶつの森」は21年3月期に2085万本が売れ、販売累計は3263万本に達した。ソフトの人気を受けてゲーム機本体の「ニンテンドースイッチ」も、前年比37.1％増の2883万台が売れた。ゲーム大手、コーエーテクモホールディングスやカプコンも過去最高益となった。

　好決算に沸く一方で、22年3月期は世界的な半導体不足〔●54ページ〕がゲーム機の製造に影響する恐れも出ている。

eスポーツ

　「エレクトロニック・スポーツ」の略称。コンピューターゲームでの対戦をスポーツ競技と捉え、野球やサッカー、格闘技、パズルなど様々なジャンルが含まれる。

　日本eスポーツ連合によると、この言葉は2000年ごろから世界で使われ始めた。「eスポーツ後進国」とされる日本で流行し始めたのは18年ごろ。民間調査会社によると、20年にeスポーツをネット上で視聴した人の数は世界で約5億人。市場規模は1千億円超だ。若者のスポーツ離れを危惧する国際オリンピック委員会（IOC）も注目する。一方で、「ゲームをスポーツと捉えていいのか」という疑問は根強い。

2025年大阪・関西万博

　2025年国際博覧会（万博）が、大阪市で開かれる。国内での大規模万博の開催は05年の愛知万博以来、大阪では1970年以来55年ぶり。正式名称は「2025年日本国際博覧会」。誘致の段階から関西全体をアピールしてきたことや、70年の「大阪万博」と区別することを踏まえ、略称は「大阪・関西万博」となった。開催期間は25年4月13日から10月13日。大阪市湾岸部の人工島「夢洲(ゆめしま)」が会場で、テーマは「いのち輝く未来社会のデザイン」。計166の国や企業の出展と、愛知万博を約600万人上回る2800万人の来場を見込む。

JASRAC、音楽教室訴訟

　音楽教室でのレッスンの際、講師や生徒の楽曲演奏で日本音楽著作権協会（JASRAC）に著作権料を支払う必要があるかが争われた訴訟の控訴審判決で、知財高裁は2021年3月、一審判決を一部変更した。

日本音楽著作権協会（JASRAC）対　音楽教室　訴訟

争点　レッスン時の演奏で著作権料を払わないといけないの？

2020年2月　一審・東京地裁判決
- 講師の演奏
- 生徒の演奏

いずれも払わないとダメ！
JASRACが全面勝訴

2021年3月　控訴審・知財高裁判決
- 講師の演奏　払わないとダメ！
- 生徒の演奏　払う必要ナシ！

JASRACが部分敗訴
→双方が最高裁に上告

　争点は、音楽教室での演奏が著作権法が規定する「公衆に直接聞かせることを目的とする演奏」にあたるかどうか。知財高裁は、生徒の演奏は公衆に聞かせる目的とはいえないとし、著作権が及ばず、JASRACに著作権料の請求権はないと判断した。一方、講師の演奏は一審判決を維持し、著作権が及ぶとした。双方が上告したため、最高裁が結論を出す。

映画、音楽、文学の主な賞

●アカデミー賞とグラミー賞

米国最大の映画賞がアカデミー賞。グラミー賞は米国最大の音楽賞。

〔21年・第93回アカデミー賞〕作品賞、監督賞など3部門＝クロエ・ジャオ監督「ノマドランド」／主演男優賞＝アンソニー・ホプキンス「ファーザー」／主演女優賞＝フランシス・マクドーマンド「ノマドランド」

〔21年・第63回グラミー賞〕最優秀レコード賞＝ビリー・アイリッシュ「エブリシング・アイ・ウォンテッド」

●三大国際映画祭

カンヌ（仏）、ベネチア（伊）、ベルリン（独）の三つの映画祭。コンペティション部門の最優秀作品に対し、カンヌは「パルムドール」が、ベネチアは「金獅子賞」が、ベルリンは「金熊賞」が授与される。

〔21年・第74回カンヌ国際映画祭〕パルムドール＝ジュリア・デュクルノー監督「チタン」

〔21年・第78回ベネチア国際映画祭〕金獅子賞＝オードレイ・ディバン監督「ハプニング」

〔21年・第71回ベルリン国際映画祭〕金熊賞＝ラドゥ・ジュデ監督「バッド・ラック・バンギング・オア・ルーニー・ポルノ」／銀熊賞＝濱口竜介監督「偶然と想像」

●芥川賞と直木賞

純文学の新人作家に芥川賞が、大衆文学の新人・中堅作家に直木賞が与えられる。

〔20年下半期・第164回受賞作品〕芥川賞＝宇佐見りん「推し、燃ゆ」、直木賞＝西條奈加『心淋し川』

〔21年上半期・第165回受賞作品〕芥川賞＝石沢麻依「貝に続く場所にて」、李琴峰「彼岸花が咲く島」、直木賞＝佐藤究『テスカトリポカ』、澤田瞳子『星落ちて、なお』

●本屋大賞

全国の書店員が一番売りたい小説を投票で選ぶ文学賞。大衆性が強いはずの直木賞の結果への違和感から創設された。映画化された『告白』（湊かなえ）や『舟を編む』（三浦しをん）など、受賞作はいずれもベストセラーになっている。

21年の第18回本屋大賞は町田そのこの小説『52ヘルツのクジラたち』。

くらし

出生数と婚姻数が戦後最少に

2020年の出生数は過去最少の84万835人

厚生労働省によると、2020年に国内で生まれた日本人の子どもは前年比2.8％減の84万835人で過去最少となった。減少は5年連続。一人の女性が生涯に産む見込みの子どもの数を示す「合計特殊出生率」は、20年が1.34。前年から0.02ポイント下がり、5年連続で低下した。婚姻件数も12.3％減の52万5507組と急減し、戦後最少となった。日本では婚姻件数の減少に合わせて出生数が減る傾向にあり、今後の出生数をさらに押し下げる可能性がある。

一方、死亡数は137万2755人で、11年ぶりに減少した。「肺炎」による死者が大きく減っており、コロナ対策として手洗いやマスク着用などが徹底されたことが役立ったとみられている。

待機児童

小学校就学前の子どもで認可保育所へ預けるための入所要件に該当しているが、申し込みをしても入ることができない児童のこと。厚生労働省によると、2021年4月時点の人数は前年より6805人減り、過去最少の5634人となった。減少は4年連続で、直近のピークの17年（2万6081人）の5分の1近くまで減った。厚労省は、保育の受け皿整備が進んだことに加え、新型コロナウイルスの感染拡大による保育ニーズの低下も重なったことが大幅な減少につながったとみている。

112

男性の育休・産休

　男性が育児休業を取りやすくすることなどを目指した改正育児・介護休業法が2021年6月、成立した。22年4月から企業に対し、男性、女性にかかわらず、自身や配偶者の出産や妊娠を届け出た社員に育休を取る意思があるかを確認するよう義務づける。22年秋からは、子の誕生直後に父親が最大4週間の「男性産休」を取れる制度もつくる。

　原則、子が1歳になるまで夫婦のどちらも育休を取れる。だが、厚生労働省の19年度の調査では母親の取得率83.0％に対し、父親は7.48％にとどまる。職場の育休制度への無理解や、上司に言い出しにくいことなどが理由に挙げられてきた。今回の法改正で、企業の側からの働きかけを義務づけ、取得のハードルを下げる効果を狙う。また、現行法では、契約社員、パートといった有期契約の働き手は1年以上働いていないと育休を取れなかった。この要件を22年4月に廃止し、1年に満たなくても取れるようにする。

不妊治療の保険適用

　政府は、体外受精や顕微授精といった不妊治療に対して、2022年度から公的な医療保険を適用することを目指している。現在、人工授精や体外受精などは保険の適用外で、体外受精は1回あたり平均50万円と患者の負担が大きい。公的医療保険が適用されると、患者が医療機関で支払う自己負担は医療費の原則3割に下がる。

　22年度の保険適用までの「つなぎ」との位置づけで、21年1月から助成制度を拡充。対象を法律婚夫婦だけでなく事実婚カップルにも広げたほか、所得制限を撤廃し、治療への助成額も引き上げた。

生理の貧困

　経済的な理由で生理用品を買えない「生理の貧困」が社会問題となっている。大学生らが立ち上げた団体「＃みんなの生理」が2021年2月にホームページやSNSを通じて学生を対象にアンケートを実施したところ、671人の有効な回答があり、5人に1人が「経済的な理由で生理用品を買うのに苦労した」と答えた。

　団体によると、1周期で使う生理用品代を1千円、初潮から閉経までを38年として試算すると、生涯の生理用品代は約45万円にのぼる。コロナ禍もあって、困窮する女性の支援策として生理用品の経済的負担を減らそうという動きが広がる。国会でも取り上げられ、政府は困窮する女性を支援するための交付金の使い道に、生理用品の無償配布を含めた。

子どもの貧困

　貧困率は、世帯収入から国民一人ひとりの所得を試算して順番に並べたとき、真ん中の人の所得の半分（貧困線）に届かない人の割合。子どもの貧困率は、18歳未満でこの貧困線を下回る人の割合を指す。

　厚生労働省によると、子どもの貧困率は2018年に13.5％となり、前回15年調査から0.4ポイント改善した。景気拡大が給与収入を押し上げたことが改善の背景にある。2回連続の改善だが、依然として子どもの約7人に1人が貧困状態にある。経済協力開発機構（OECD）の平均12.8％（17年）も上回る。ひとり親世帯の貧困率も2.7ポイント改善して48.1％と初めて5割を切ったが、なお高水準だ。

　コロナ禍で、子どもたちの困窮がさらに深まることが懸念される。

ノンアルコール飲料の販売増

「ノンアルコール飲料」が売れている。新型コロナ禍の緊急事態宣言〔●61ページ〕の影響などで、お酒を出せない飲食店からの引き合いが増えているからだ。酒類大手各社の「ノンアルコールビール」の2021年4月の販売数量は、アサヒビールが前年同月比4割増、キリンビールが11％増、サントリービールが25％増、サッポロビールは5割増と好調だった。
「ノンアルコール飲料」の幅は年々広がっている。健康志向の高まりで、「本物」のお酒よりカロリーが低いことも人気を後押しする。コロナ禍による「家飲み」ニーズも追い風になり、各社はレモンサワーやワインなど、ビール風以外の新商品も相次いで展開している。

アルコール量表示

政府は2021年3月、酒類の容器にアルコールの度数だけでなく、量も表示するよう業界に検討を求めることを盛り込んだ「アルコール健康障害対策推進基本計画」(第2期)を閣議決定した。アルコールの摂取量をわかりやすくすることで、飲み過ぎを防ぐ効果を期待する。

厚生労働省は生活習慣病のリスクを高める飲酒量を、1日平均アルコール量で男性40ｇ以上、女性20ｇ以上としている。60ｇを超えると多量飲酒。高血圧、高脂血症、肥満、糖尿病、痛風などの生活習慣病のリスクを高めるほか、仕事の能率が落ちるなど社会的な問題も起きるリスクがある。酒類を販売する時には容器にアルコール度数を表示することが義務づけられているが、実際のアルコール摂取量がわかりにくいため、量の表示の検討を業界に求める。要請を受け、酒類大手各社はウェブサイトや商品へグラム量表示の記載を進めている。

食品ロス

　まだ食べられるのに捨ててしまう「食品ロス」が世界的な課題となっている。2015年に採択された持続可能な開発目標（SDGs、●33㌻）には、世界全体の１人あたりの食料の廃棄を30年までに半減させることが盛り込まれた。

　国内の食品ロスは、農林水産省などによると年600万ｔ（18年度）と推計される。１人あたり毎日お茶わん１杯分の食べ物を捨てている計算で、国連世界食糧計画（WFP）による飢餓に苦しむ人々に向けた食料援助量の1.5倍以上。54％がコンビニエンスストアや食品メーカーなど企業側から、残る46％は家庭から出る。

　食品ロス削減推進法が19年５月に成立し、同10月に施行された。政府は、事業者・家庭それぞれの食品ロスを30年度までに00年度比で半減させる目標を掲げる。

埼玉県のエスカレーター立ち止まり義務条例

　エスカレーターでは走ったり歩いたりせず、立ち止まって乗ることを義務づける埼玉県の条例が、2021年３月に成立、同10月施行された。条例は全国で初めてという。違反をしても罰則はないが、「努力義務」ではなく「義務」としてより強く安全な利用を求める。管理する事業者にも周知を義務づけた。

　エスカレーターでは、関西地方で左側、関東地方では右側を空けることが自然発生的に進んだ。ただ、エスカレーターの安全基準は立ち止まって利用することを前提にしている。日本エレベーター協会の調査によると、手すりにつかまらずに歩くといった「乗り方不良」による事故は18〜19年の２年間で、全国で805件と高止まりしている。

消費者トラブル防ぐ新ルール

消費者保護を強化するため、特定商取引法と預託法が2021年6月に改正された。2年後までに順次施行される。

一方的に商品を送り付けて代金の請求や廃棄した商品の返還請求を起こして現金を要求する悪質な「送り付け商法」。これまでは、14日以内ならば業者側は返還請求できたが、改正で業者は14日以内でも返還請求ができなくなる。消費者側もすぐに商品を処分でき、業者から金銭の支払いを要求されても支払う義務はない。7月に施行された。

通信販売で「初回無料」などとうたい、実際は高額な定期購入の申し込みをさせる行為の規制も強化される。定期購入だと明示しなかったり、誤認させる表示をしたりした場合、最高で3年以下の懲役または300万円以下の罰金となる。

豊田商事事件やジャパンライフ事件など、大規模な消費者被害が繰り返されてきた「販売預託商法」(オーナー商法)も原則、勧誘や契約とも禁止される。健康機器などの商品のオーナーとなった顧客が、業者による商品の貸し出し事業の運用益を配当として受け取れる仕組みだが、業者による運用実績は乏しい場合がほとんど。新たなオーナーを獲得できなければ事業が行き詰まるため、次々と顧客が勧誘され、被害が拡大しやすかった。

特定商取引法・預託法の主な改正点

	改正前	改正後
送り付け商法	業者による送り付けた商品の返還請求は可能	返還請求はできなくなる
定期購入商法	定期購入であることを明示しない場合、行政処分の対象に	行政処分に加え、刑事罰の対象に
販売預託商法(オーナー商法)	一定の制約の下で可能	原則禁止
契約書	紙の書面	消費者が事前に承諾すれば電子契約書も可
クーリングオフ	書面で業者側に通知	電子メールでの通知でも可能

時事問題

文化、くらし

✓ チェックドリル

Question	Answer
☐ **1** 2021年7月に世界自然遺産に登録されたのは、奄美大島と沖縄島北部とあと二つの島はどこか。	1 徳之島、西表島
☐ **2** 2021年7月に世界文化遺産に登録された縄文遺跡があるのは、北海道と青森とあと2県はどこか。	2 岩手、秋田
☐ **3** 加盟国が反対すれば登録されない新制度が導入されたユネスコの事業は何か。	3 世界の記憶
☐ **4** 「伝統建築工匠の技：木造建造物を受け継ぐための伝統技術」はユネスコの何遺産に登録されたか。	4 無形文化遺産
☐ **5** 個人やチームがオンラインゲームで対戦する競技を何というか。	5 eスポーツ
☐ **6** 大阪・関西万博が開かれるのは何年か。	6 2025年
☐ **7** JASRACの正式名称は何か。	7 日本音楽著作権協会
☐ **8** 第93回アカデミー賞で作品賞など三つの賞を受賞したクロエ・ジャオ監督の作品は何か。	8 「ノマドランド」
☐ **9** 第71回ベルリン国際映画祭で銀熊賞を受賞した日本人監督は誰か。	9 濱口竜介

Question	Answer
10 2020年に国内で生まれた日本人の子どもは過去最少となった。何万人だったか。	10 84万人（84万835人）
11 1人の女性が生涯に産むと見込まれる子どもの数で、人口が長期的に増えるか減るかを見通す指標を何というか。	11 合計特殊出生率
12 2020年の**11**はいくつか。	12 1.34
13 認可保育所へ預けるための入所要件に該当しているが、申し込みをしても入ることができない児童を何と呼ぶか。	13 待機児童
14 2022年4月から、男性が育児休業を取りやすくすることなどを目指した改正法が施行される法律は何というか。	14 育児・介護休業法
15 2018年の子どもの貧困率は何％か。	15 13.5%
16 まだ食べられるのに捨ててしまう食品に関する問題を何というか。	16 食品ロス
17 エスカレーターに立ち止まって乗ることを義務づける条例を、2021年10月に施行した地方自治体はどこか。	17 埼玉県
18 法律で原則禁止されることになった、健康機器などの商品のオーナーとなった顧客が、業者による商品の貸し出し事業の運用益を配当として受け取れるという商法を何というか。	18 販売預託商法（オーナー商法）

スポーツ

東京五輪・パラリンピック

　第32回オリンピック競技大会東京大会（東京五輪）が、2021年7〜8月に開催された。新型コロナウイルスの感染拡大で史上初の1年延期となり、大部分の会場が無観客となるなど、異例ずくめの大会だった。

最多27個の「金」
　205の国・地域（ロシアは個人資格での参加）と難民選手団合わせて選手約1万1千人が参加し、33競技339種目でメダルを競った。

　日本は史上最多となる金メダル27個を獲得し、銀14個、銅17個を合わせた総メダル数58個も史上最多だった。実績のある"お家芸"と、東京大会で採用された新競技・種目が数を押し上げた。柔道は、男女合わせて金メダル9個は過去最多。レスリングは女子が4個の金メダルを手にした。体操男子は橋本大輝が個人総合と鉄棒で、競泳は女子個人メドレーで大橋悠依が日本女子初の2冠を達成した。

　新競技のスケートボードでは男女4種目のうち3種目で日本勢が金メダルに輝いた。女子ストリートは13歳の西矢椛（もみじ）が日本勢史上最年少の金メダリストに。女子パークでは夏季五輪の日本代表史上最年少12歳の開心那（ここな）が銀メダルを手にした。同じく新競技の空手で喜友名諒（きゆな）が頂点に立った。3大会ぶりに復活した野球とソフトボールでもそれぞれ金メダルを積み上げた。

　日本の競技団体の多くは、普段から使い慣れている練習施設を活用した。他国開催の五輪に比べて、時差や気候についても特別な対応は不要だった。一方、海外勢は、新型コロナの影響で日本国内での事前キャンプを行えないケースが相次いだ。大会中も感染予防の観点から行動が大幅に制限された。

パラリンピックはメダル51個獲得

8～9月、第16回夏季パラリンピック・東京大会が開かれた。東京パラは57年ぶり2度目の開催。22競技539種目があり、約4400選手が参加した。日本は前回リオデジャネイロ大会でゼロだった金メダルを13個獲得。銀15個、銅23個で、総メダル数は51と過去3大会を大きく上回り、史上最多だった04年アテネ大会の52個に迫った。

東京五輪、パラは13年に開催が決まった。会場の大部分が無観客になったことで赤字は確実で、費用負担をめぐる国と東京都の議論が今後本格化する。

東京五輪の日本代表選手獲得メダル数

金メダル＝27

競技	種目	選手名
体操	男子個人総合	橋本大輝
	男子種目別鉄棒	
水泳・競泳	女子200m個人メドレー	大橋悠依
	女子400m個人メドレー	
卓球	混合ダブルス	水谷隼、伊藤美誠
柔道	男子60kg級	高藤直寿
	男子66kg級	阿部一二三
	男子73kg級	大野将平
	男子81kg級	永瀬貴規
	男子100kg級	ウルフ・アロン
	女子52kg級	阿部詩
	女子70kg級	新井千鶴
	女子78kg級	浜田尚里
	女子78kg超級	素根輝
野球		青柳晃洋、浅村栄斗、伊藤大海、岩崎優、梅野隆太郎、大野雄大、甲斐拓也、菊池涼介、栗原陵矢、栗林良吏、源田壮亮、近藤健介、坂本勇人、鈴木誠也、千賀滉大、平良海馬、田中将大、村上宗隆、森下暢仁、柳田悠岐、山崎康晃、山田哲人、山本由伸、吉田正尚
ソフトボール		我妻悠香、渥美万奈、市口侑果、上野由岐子、川畑瞳、清原奈侑、後藤希友、内藤実穂、原田のどか、藤田倭、峰幸代、森さやか、山崎早紀、山田恵里、山本優
ボクシング	女子フェザー級	入江聖奈
フェンシング	男子エペ団体	宇山賢、加納虹輝、見延和靖、山田優
レスリング	男子フリースタイル65kg級	乙黒拓斗
	女子フリースタイル50kg級	須崎優衣
	女子フリースタイル53kg級	向田真優
	女子フリースタイル57kg級	川井梨紗子
	女子フリースタイル62kg級	川井友香子
空手	男子形	喜友名諒
スケートボード	男子ストリート	堀米雄斗
	女子ストリート	西矢椛
	女子パーク	四十住さくら

銀メダル＝14
空手①、競泳①、ゴルフ①、サーフィン①、自転車①、柔道①、スケートボード①、スポーツクライミング①、体操①、卓球①、バスケットボール①、陸上①、レスリング①

銅メダル＝17
アーチェリー②、空手①、サーフィン①、柔道①、重量挙げ①、スケートボード①、スポーツクライミング①、体操②、卓球②、バドミントン①、ボクシング②、陸上①、レスリング①

感染対策「バブル」

　新型コロナウイルスが世界的に猛威をふるう中で開かれるスポーツの国際大会などでとられる感染対策。ホテルなどの決められた施設を泡（バブル）に見立てて、その中に入るイメージ。選手は、ウイルスを外から持ち込まないよう検査を受けたうえでホテルなどにこもり、期間中は定期的に検査を受けて、大会と関係ない人とは会わないようにする。

　米プロバスケットNBAなどの取り組みで有名になった。NBAは20年夏にシーズンを再開する時、フロリダ州にあるディズニーの施設を貸し切りにして1カ所ですべての試合を行った。東京五輪では競技会場が10都道県に分かれ、有力国を中心に選手村外のホテルなどに泊まる場合もあり、完全な「バブル」方式をとれなかったため、プレーブックで選手らが公共交通機関を使ったり、観光地や飲食店に出かけたりするのを禁じた。

札幌、2030年五輪招致

　日本オリンピック委員会（JOC）は2020年1月、30年冬季五輪・パラリンピックの国内候補地を札幌市とすることを正式に決めた。国際オリンピック委員会（IOC）総会で開催が決まれば、1972年以来2度目、日本での冬季五輪は98年の長野以来3度目となる。

　当初、2026年大会の招致を目指していたが、北海道新幹線の札幌延伸を見据えて30年大会の招致に方針を変更。立候補都市の減少に悩むIOCからは26年大会招致の継続を求められたが、18年9月に発生した北海道胆振東部地震からの復興を最優先課題として取り組む必要があるとして、30年大会に目標を変更していた。

2年ぶり、夏の甲子園開催

　第103回全国高校野球選手権大会が2021年8月、兵庫県西宮市の阪神甲子園球場で開催された。前年は新型コロナウイルスの感染拡大により中止となり、2年ぶりの開催となった。感染防止対策として、入場を野球部員や保護者らに限った。選手に新型コロナウイルス陽性者が出た宮崎商と東北学院（宮城）が試合を辞退した。

　長雨の影響を受けた大会ともなった。順延（一部順延を含む）は、過去最多の7度にのぼった。大阪桐蔭－東海大菅生（西東京）の1回戦は八回途中で23年ぶりの降雨コールドゲームとなり、降雨ノーゲームも2度あった。休養日は3日から1日に減り、決勝は当初の予定から4日遅れて、史上最も遅い実施となった。夏の甲子園では初の兄弟校対決となった決勝は、智弁和歌山が智弁学園（奈良）を下し、00年以来21年ぶり3度目の全国制覇を果たした。

関連用語　**女子高校野球、初の甲子園決勝**

　第25回全国高校女子硬式野球選手権大会の決勝が2021年8月、初めて阪神甲子園球場で開催され、神戸弘陵（兵庫）が4－0で高知中央を破って5年ぶり2度目の優勝を果たした。

甲子園球場で行われた女子高校野球決勝

　甲子園球場での決勝開催は、女子野球の人気の高まりを背景に、日本高校野球連盟、全日本女子野球連盟などが意見交換を行い、阪神甲子園球場の協力もあって実現した。大会は7月24日に開幕し、準決勝までを兵庫県丹波市で開催した。

二刀流・大谷、異次元の活躍

　大リーグ・エンゼルスの大谷翔平が、異次元の活躍を見せた。大リーグ4年目となる2021年シーズンも投手と打者の〝二刀流〟で臨んだ大谷は、2本差で本塁打王のタイトルを逃したが、リーグ3位の46本塁打を放った。投手としては、自己最多の4勝を上回る9勝を挙げた。1918年にベーブ・ルースが達成して以来、103年ぶり

投打の「二刀流」で異次元の活躍を見せた大谷翔平

となる「1シーズンで2桁勝利と2桁本塁打」の達成はならなかったが、先発と救援投手、代走や守備固めなど野球選手の分業システムが確立した米野球界で、1人で投打双方に挑む大谷は異例の存在で、米国に衝撃を与えた。

大坂なおみの会見拒否

　女子テニスの大坂なおみは2021年5月、選手に義務づけられている記者会見の形を批判し、同月に開催される全仏オープンでは会見に応じない意向を明かした。大坂は会見中に自信や向上心をしぼませるような質問を受けた経験を踏まえ、負けた後は衰弱する選手が多いと指摘した。

　大坂は1回戦勝利後はコート上のインタビューのみに応じたが、1万5千ドルの罰金を科された。違反行為が続けば全仏の失格、4大大会出場停止との警告も受けると、大坂は2回戦を棄権し、18年の全米オープン後から長い間、心が不安定な状態に悩まされていたことを告白した。当初は批判的なトーンが目立ったが、告白後は理解を示す論調に一変した。

松山英樹、マスターズ制覇

　松山英樹が2021年4月、男子ゴルフのメジャー、マスターズ・トーナメントで初優勝を果たした。日本男子のメジャー大会制覇は史上初の快挙。米ツアーでは4年ぶりの優勝で、通算6勝目。男子アジア勢としても初のマスターズ制覇。

　松山は1992年生まれ、松山市出身。4歳でゴルフを始め、明徳義塾高（高知県）と東北福祉大（仙台市）で力を伸ばした。大学2年でマスターズに初出場。13年には学生プロとして国内でデビューし、史上初となる新人での賞金王に輝いた。

　14年から米ツアーに本格参戦。世界ランキングは17年に自己最高の2位まで上げた。メジャー4大会でも、トップ10入りは7回。うち、4回はトップ5に入った。17年全米オープンでは2位に入っている。

19歳笹生優花、全米女子OP制覇

　女子ゴルフの笹生優花（さそう）が2021年6月、全米女子オープン選手権で、日本勢初優勝を果たした。世界最高峰のメジャー大会で、19歳351日での優勝は大会最年少記録。大会初の日本勢同士のプレーオフで、畑岡奈紗を破った。日本女子の海外メジャー制覇は、1977年全米女子プロ選手権の樋口久子、2019年全英女子オープンの渋野日向子に続いて3人目。

　笹生は01年にフィリピンで生まれ、4歳で日本へ。8歳でゴルフを始め、「世界一になるため」に安く練習ができるフィリピンへ引っ越した。中学生になると父と2人で世界を転戦した。19年秋に日本のプロテストに合格し、20年にプロデビュー。父は日本人、母はフィリピン人で、二つの国籍を持ち、東京五輪にはフィリピン代表として出場した。日本国籍を選択する意向だ。

スポーツ

山県亮太、100m9秒95の日本新

　陸上男子短距離の山県亮太が2021年6月、鳥取市のヤマタスポーツパーク陸上競技場で行われた布勢スプリントの100mで、9秒95（追い風2.0m）の日本新記録をマークした。従来の記録はサニブラウン・ハキームが19年に出した9秒97。日本選手の9秒台突入は4人目。

　山県は、広島県出身。広島・修道高から慶応大を経てセイコー所属。21年の東京五輪では、100mは予選落ち、400mリレーではバトンミスにより、途中棄権に終わった。

サッカー、ヘディングでガイドライン

　ヘディングの反復は子どもの脳に悪影響を与える可能性があるとして、日本サッカー協会（JFA）が2021年5月、育成年代のヘディングの練習に関するガイドラインを発表した。小学2年生以下は風船や新聞を丸めたボールを使う▷3〜4年生は通常より軽いボールで練習し、空中のボールを手で扱う経験も積ませる――といった内容で、5

育成年代のヘディング、何が危険？

1 プレーによる発達中の脳への衝撃
繰り返すことで将来認知症の可能性が高まる？

2 相手との接触
頭同士がぶつかることによる脳振盪など

3 プレー後の着地
バランスを崩し、地面に頭や腕をぶつける

年生以上もサッカーボールを使う場合は回数制限を推奨した。

　サッカーの母国イングランドの協会が20年、11歳以下の練習ではヘディングを禁止するガイドラインを策定した。プロ選手は認知症など神経変性疾患での死亡リスクが高いとする英国の大学の研究結果を受けた措置で、欧州連盟も指針をつくっており、JFAも対策の検討を本格化させた。

照ノ富士が横綱昇進

2021年7月、大関照ノ富士（本名ガントルガ・ガンエルデネ、モンゴル出身、伊勢ケ浜部屋）が、第73代横綱に昇進した。新横綱は17年初場所後に昇進した稀勢の里以来。外国出身者としては7人目、モンゴル勢では5人目。

照ノ富士は1991年生まれ。2010年に鳥取城北高へ相撲留学した。

奉納土俵入りをする横綱照ノ富士

19歳で初土俵、23歳で大関に昇進したが、両膝の負傷や内臓の病気で序二段まで転落。引退も考えたが、体が癒えると大関に復帰。21年5月場所で優勝すると、7月の名古屋場所では14勝1敗で優勝次点だったが、横綱昇進が決まった。8月には、角界で親方になる条件となる日本国籍を取得した。

白鵬、引退

大相撲の横綱白鵬（モンゴル出身、宮城野部屋）が2021年9月、現役を引退した。白鵬は15歳で来日し、宮城野部屋に入門すると、07年夏場所後に横綱に昇進。優勝45度、通算勝ち星1187勝、横綱在位84場所など、角界の数々の歴代記録を更新した。野球賭博や八百長といった不祥事にまみれた角界を支え、東日本大震災の被災地支援に尽力するなど土俵外の行動力でも評価される。

一方、土俵上での荒々しい取り口や、勝負判定に不満な態度を見せるなど横綱らしからぬ行為には、批判も集まった。年寄「間垣」を襲名した際には、こうした行動が問題視され、今後同様の行動をしないとする誓約書にサインしたという。

社会

成人年齢「18歳」に

　改正民法が施行される2022年4月1日に、成人年齢は20歳から18歳に引き下げられる。成人の定義が変わるのは146年ぶり。18、19歳が成人となり、保護者の同意がなくてもローンなどの契約を結んだり、クレジットカードを作れたりするようになる。また、女性が結婚できる年齢が現行の16歳から18歳に引き上げられる。結婚できるのは成人のみとなり、保護者の同意は不要になる。一方、飲酒や喫煙、競馬や競輪などができる年齢は20歳以上が維持される。

　成人年齢の引き下げは、07年成立の国民投票法〔●16ページ〕で投票年齢が「18歳以上」と規定されたことから議論が進み、16年の参院選から選挙権年齢が18歳以上になった。

18、19歳への措置を厳罰化

　18、19歳の少年への措置を厳罰化する改正少年法が2021年5月、成立した。22年4月に施行される。

　今回の改正は、選挙権年齢の18歳への引き下げや成人年齢を20歳から18歳に引き下げる民法改正を受けたもの。少年法の適用年齢は「20歳未満」を維持し、事件を起こした全員をいったん家庭裁判所に送致して生い立ちや事件の背景を調べる仕組みは残す。一方、18、19歳を「特定少年」と位置づけ、家裁から検察官に原則送致（逆送）する対象を、現行の「故意の行為で人を死亡させた罪」から「法定刑の下限が懲役か禁錮1年以上の罪」に拡大。逆送後に起訴されれば、実名や写真など本人を特定できるような情報の報道も可能とする。逆送には至らない保護処分では、従来は家裁が決めた期間を超えて処分の継続が可能だったが、改正後は罪に見合った重さで上限が設けられ、それができなくなる。

ネット中傷投稿者特定へ、改正法成立

インターネット上で誹謗中傷の投稿をした人を特定しやすくするための改正プロバイダー責任制限法が、2021年4月に成立した。22年末までに施行される予定。

新たな手続きは、時間がかかる訴訟を経なくても、裁判所が被害者の申し立てを受け、投稿者の情報開示をSNSなどの事業者に命じることができる。投稿者の情報が消えないよう、情報消去の禁止なども事業者に命じられる。

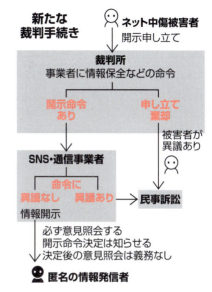

現状は、SNSやネット接続のプロバイダー事業者を相手に2回の裁判手続きを経ないと投稿者を特定できず、情報開示に1年以上を要するケースが多い。特定するまでの負担が大きく、泣き寝入りする人も多かった。新たな制度では、申し立てから開示命令決定までは数カ月程度に縮まる見込み。

SNSなどでの書き込みでは深刻な被害が相次ぐ。ネットの誹謗中傷などをめぐる相談は増加している。20年にはフジテレビの番組「テラスハウス」に出演したプロレスラーの女性が匿名の中傷に悩み、命を絶った。

被害を防ぐため、侮辱罪を厳罰化して懲役刑を導入する刑法改正案について、法制審議会が議論している。

河井夫妻の公選法違反事件

　2019年７月の参院選をめぐる買収事件で、公職選挙法違反（買収）の罪に問われた参院議員の河井案里被告に対し、東京地裁は21年１月、懲役１年４カ月執行猶予５年の有罪判決を言い渡した。案里被告は控訴せず、同２月、一審・有罪判決と公民権停止５年が確定した。また、東京地裁は同６月、夫で元法相の河井克行被告（衆院議員を辞職）に対し、懲役３年の実刑判決を言い渡した。「犯行全体を差配した」として執行猶予をつけず、地元議員ら100人への現金提供について、すべて選挙買収だったと認定。買収額は約2871万円とした。弁護側は量刑などを不服として控訴した。

IR汚職事件で実刑判決

　カジノを含む統合型リゾート（IR、●21㌻）事業をめぐり、収賄と組織犯罪処罰法違反（証人買収）の罪に問われた衆院議員・秋元司被告に対し、東京地裁は2021年９月、懲役４年、追徴金約760万円の実刑判決を言い渡した。

　判決によると、秋元被告はIR担当の内閣府副大臣だった17〜18年、IR参入を目指す中国企業側から現金や旅費など計約760万円の賄賂を受領。20年には、保釈中に支援者らを通じ、贈賄側に現金計3500万円の提供を申し出て裁判で偽証するよう依頼した。秋元被告は無罪を主張したが、判決は贈賄側の証言などから賄賂の受領を認め、「IR事業の職務の公正を損なった」と指摘。証人買収は「保釈直後から前代未聞の司法妨害におよんだ。刑責は重い」と非難した。

　収賄罪の共犯に問われた元政策秘書に対しては、懲役２年執行猶予４年の有罪判決が言い渡された。秋元被告、元秘書ともに控訴した。

アスベスト訴訟、国・建材メーカーに賠償責任

　建設現場でアスベスト（石綿）を吸って健康被害を負った作業員と遺族による訴訟で、最高裁は2021年5月、国と建材メーカーの賠償責任を認める初判決を出した。「マスク着用義務付けなど十分な規制をすべきだった」と判断。責任が問える期間は、国の規制が不十分だった1975年から2004年までと認定した。法的な労働者でない「一人親方」と呼ばれる個人事業主についても、国の責任を認めた。33件の訴訟のうち、先行した4訴訟に対する初の統一判断で、後に続く訴訟は和解が進むとみられる。

　訴訟を起こしていない被害者への補償のための基金を創設する法が同6月、成立した。補償金の支払いは22年度に始まる見込みで、対象者は約3万1千人にのぼるとみられる。建材メーカーは、基金への協力姿勢を明らかにしていない。

「黒い雨」訴訟、原告勝訴が確定

　広島高裁は2021年7月、広島への原爆投下後、放射性物質を含む「黒い雨」を浴びた住民ら84人全員を被爆者と認め、被爆者健康手帳の交付を命じた。広島地裁の一審判決では、黒い雨に遭い、がんなどの疾病にかかれば被爆者にあたるとしたが、高裁判決は疾病にかかわらず、幅広く被爆者と認める判断を示した。菅義偉首相（当時）は同月、上告を断念する方針を表明、原告の勝訴が確定した。

　黒い雨が降った一部の区域では、特例として被爆者と認める仕組みはあるが、原告らは区域外だった。広島市などは、区域の6倍の範囲で雨が降ったと推定。この範囲で雨を浴びた人は今も約1万3千人いるとみる。新たな申請者も予想され、国の援護行政のあり方が問われそうだ。

愛知、リコール署名不正

　大村秀章・愛知県知事に対するリコール署名を偽造したとして、運動団体事務局長と次男が2021年5月に逮捕され、6月に地方自治法違反（署名偽造）の罪で起訴された。

　リコール署名活動は、国際芸術祭「あいちトリエンナーレ2019」の企画展「表現の不自由展・その後」がきっかけ。昭和天皇を含む肖像群が燃える映像作品や、慰安婦を表現した少女像などに抗議が殺到した。美容外科「高須クリニック」の高須克弥院長らがリコールを呼びかけた。必要な署名数は約86万6千筆だったが、呼びかけ人の体調悪化を理由に途中で休止されて、約43万5千筆が提出された。しかし、県選挙管理委員会が約83％に無効の疑いがあるとの調査結果を発表し、刑事告発していた。

出入国管理法改正案の見送り

　外国人の収容や送還のルールを見直す出入国管理法改正案について、政府は2021年通常国会での成立を断念した。

　強制退去処分が決まっても送還に応じない外国人の収容の長期化が課題となる中、改正案には、難民認定手続き中の送還停止規定の適用を新たな相当の理由がなければ2回までに制限▷送還妨害行為などに対する退去命令と罰則の新設▷入管当局が選定する「監理人」の監督のもと施設外での生活を可能にする「監理措置」の導入——などが盛り込まれていた。

　ただ、司法の審査によらず入管当局が収容の可否を決めることを、難民支援団体などが問題視していた。3月に収容中のスリランカ人女性が死亡した事案について、立憲民主党など野党が入管当局の対応に問題があるとして批判を強めると、世論の支持なども考慮し、政府は採決を見送った。

特例貸し付け、1兆円突破

新型コロナウイルスの影響で困窮する世帯に、政府のお金を無利子で貸す特例貸し付けの利用額が2021年6月、1兆円を超えた。リーマン・ショックの影響を受けた09年度の50倍以上の規模。9月上旬時点で、利用は271万件を超え、総額は1.2兆円に迫る。

特例貸し付けは2種類ある。休業などで収入が減った人を対象に生計を維持するために緊急で20万円を上限に貸す緊急小口資金と、失業者を含め、収入減で生活が苦しい人を対象に生活再建までの資金を貸し付ける総合支援資金で、両方を使うと最大200万円まで無利子で借りられる。

21年7月からは、借り入れが限度額に達した世帯の生活を支えることを狙いに、1世帯最大30万円を受け取れる生活困窮者自立支援金の支給を始めた。政府は特例貸し付けが生活を下支えしたことが、20年度に生活保護の利用申請が急増しなかった要因の一つとみている。

小中高生の自殺、過去最多に

文部科学省や厚生労働省によると、2020年の小中高生の自殺者数は前年から25％増え499人で、統計の残る1980年以降で最多となった。女子が219人で66％増となった。原因は、進路に関する悩み、学業不振、親子関係の不和の順に多かった。コロナ禍で在宅機会の増えた親がストレスを抱えて子どもに干渉や叱責を加えるなどし、家庭に居場所がない子をさらに息苦しくさせた可能性が指摘される。21年1〜6月は前年を上回るペースで推移しており、計234人にのぼる。

20年の全体の自殺者数は2万1081人で、前年より912人増えて11年ぶりに増加した。女性や若い世代での増加が目立つ。

新型コロナで、訪日客急減

2020年に日本を訪れた外国人は、前年比87.1％減の411万5828人だった（日本政府観光局調べ）。新型コロナウイルスの感染拡大を防ぐため、世界的に人の移動が厳しく制限されたためだ。東日本大震災があった11年（621万人）を大幅に下回り、1998年（410万人）以来、22年ぶりの低水準となった。

ビザ取得の要件緩和などの効果もあり、訪日客はここ数年で急増。19年は3188万人で、7年連続で過去最高を更新した。政府は東京五輪を見越し、20年の目標を4千万人としていたが、目標の約10分の1にとどまった。政府はコロナ前に定めた「30年に訪日客6千万人」という目標を維持している。

時短命令で、東京都を提訴

新型コロナウイルス対応の改正特別措置法〔→61ページ〕に基づく営業時間の短縮命令を受けた飲食チェーン「グローバルダイニング」（東京）が2021年3月、東京都に賠償を求める訴えを東京地裁に起こした。時短命令をめぐる訴訟は初めてとみられる。

訴状で同社は、「適切な補償もなく要請に応じれば経営維持は困難になる」と指摘。感染対策を徹底している店まで一律に対象にするのは「営業の自由への過剰な制約だ」と訴える。また、社長がサイトで意見表明したことへの「見せしめ」「狙い撃ち」で、表現の自由の侵害だとも主張した。損害賠償が主目的ではなく、請求額は104円にとどめたとしている。

LGBTQ＋

Lesbian（女性同性愛）▷ Gay（男性同性愛）▷ Bisexual（両性愛）▷ Transgender（生まれたときに区分された性別に違和感がある）▷ Questioning（自分の性別、好きになる相手の性別がわからない）の英語の頭文字を取った性的少数者の総称。実際には、Pansexual（好きになる相手の性別にとらわれない）やAsexual（性欲や性愛を感じない）などもあり、末尾に「＋（プラス）」をつけることも近年増えている。

性的少数者をめぐる「理解増進」法の成立を与野党合意にもとづく議員立法で目指した。だが、「差別は許されない」などと盛り込まれたことに自民党内の保守系議員らから否定的な意見が相次ぎ、2021年通常国会での成立は見送られた。

最高裁、夫婦同姓「合憲」判断

最高裁大法廷は2021年6月、夫婦同姓を定めた民法などの規定は憲法24条の「婚姻の自由」に違反しないと判断した。18年に東京都内の3組の事実婚カップルが、夫婦同姓を求める規定は「法の下の平等」を保障する憲法14条と「婚姻の自由」を定めた24条に反すると訴えていた。

大法廷は15年に同姓の強制を合憲とする判決を言い渡している。今回の決定は、この間の社会や国民意識の変化などを踏まえても判断を変更すべきだとは認められないとし、「処分の時点において規定は違憲とはいえない」と結論づけた。裁判官15人のうち11人の合憲判断。「違憲」としたのは4人で、15年判決の5人から減った。

法相の諮問機関・法制審議会は1996年に選択的夫婦別姓制度の導入を答申したが、自民党を中心に「家族の一体感が失われる」との反論が上がり、法改正は見送られている。

ストーカー規制法改正、GPS悪用を規制

　2021年5月に成立した改正ストーカー規制法により、GPS機器やスマートフォンのアプリなどを使って無断で相手の位置情報を得る行為などが新たに規制対象となった。繰り返すと摘発対象となる。承諾なく車にGPS機器などを取り付けたり、持ち物に忍ばせたりする行為も規制される。また、拒まれたにもかかわらず、手紙などの文書を連続して送る行為も新たに規制の対象になる。

　GPSで居場所をつかむ行為について、ストーカー規制法で禁じる「見張り」にあたるとして警察が摘発してきた。しかし、最高裁は20年7月、GPSによる位置情報の取得は見張りにあたらないと判断。それを受け、警察庁の有識者検討会がまとめた報告書で、法改正で規制することを求めていた。

あおり運転に罰則

　ほかの車の走行を妨げる「あおり運転」を新たに罪と定めることを盛り込んだ改正道路交通法が2020年6月に成立・施行された。あおり運転を、「通行を妨害する目的で、交通の危険の恐れがある方法により一定の違反をする行為」などと規定。対象となる違反は車間距離の不保持や、急ブレーキ、蛇行運転や幅寄せなど10項目で、警察はドライブレコーダーや防犯カメラ、関係者の供述などから立証する。また、あおり行為など妨害運転を厳罰化する改正自動車運転死傷処罰法も20年6月に成立、同7月に施行された。

　あおり運転は、17年に神奈川県の東名高速で起きた一家4人が死傷する事故をきっかけに問題視されるようになり、道交法が改正された。警察庁によると、施行後半年間で、58件を摘発し、57人が逮捕・書類送検された。

ヤングケアラー

　大人の代わりに家事や介護といった家族の世話を担う子ども。中高生でおよそ20人に1人いることが、厚生労働省が2021年4月に発表した初の全国調査で明らかになった。

　調査は全国の公立中学の2年生と公立高校の2年生を対象に20年以降に実施し、1万3777人から回答があった。世話している家族がいると答えたのは中学2年で5.7%、高校2年で4.1%。中学2年で約5万5千人、高校2年で約4万2千人がヤングケアラーという計算になる。世話の相手は幼いきょうだいの割合が最も高く、中学2年は61.8%、高校2年で44.3%。父母は中学2年で23.5%、高校2年で29.6%だった。世話に費やす時間は中学2年で平日1日平均4時間、高校2年で同3.8時間。7時間以上という回答もそれぞれ1割を超えた。ヘルパーなどの福祉サービスの利用は、中学2年、高校2年とも1割を下回った。

　英国などではサポートする仕組みの整備が進むが、日本は遅れが指摘されている。

8050問題

　80代の高齢の親と、50代のひきこもる未婚の子が同居する家族の諸問題を「８０５０問題」と言う。70代の親と40代の子として「７０４０問題」とも呼ばれる。高齢化、未婚率の上昇など、社会の構造変化が背景にある。長期のひきこもりに加え、介護離職、高齢者虐待、経済的困窮など、複数の困難が折り重なっている事例も少なくないとされる。内閣府は2019年3月、40～64歳の中高年のひきこもりは全国で61万3千人いるという推計値を発表している。15～39歳の「若者」のひきこもりの推計約54万人より多い。

マスコミ・広告

広告費、9年ぶりに前年割れ

広告大手・電通によると、2020年の国内の総広告費は前年比11.2％減の6兆1594億円となり、9年ぶりに前年を下回った。下げ幅はリーマン・ショックの影響があった09年の11.5％減に次ぐ規模だった。新型コロナ禍で、企業が広告を控えたことが響いた。

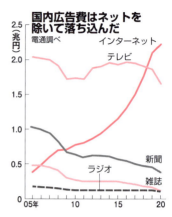

国内広告費はネットを除いて落ち込んだ

テレビ、新聞、雑誌、ラジオの4媒体の事業者がネット以外から得た広告費は、同13.6％減の2兆2536億円で、6年連続の前年割れに。内訳は、テレビ11.0％減、新聞18.9％減、雑誌27.0％減、ラジオ15.4％減。東京五輪・パラリンピック〔●120ジ〕の延期による関連行事の中止も相次ぎ、屋外広告やPRイベントなどの「プロモーションメディア広告費」は、24.6％減の1兆6768億円となった。インターネット広告費は前年比5.9％増となったものの、伸びは19年より鈍かった。

関連用語　巨大IT、広告規制強化へ

GAFA〔●98ジ〕など「プラットフォーマー」と呼ばれる巨大IT企業が圧倒的なシェアを握るネット広告市場では、取引の仕組みや価格の決め方、個人情報の扱いなどが不透明だと指摘されている。政府は透明化を目指して、規制強化を進める。

第三者が広告の表示回数やクリック数などの広告効果を測定できるよう、対応窓口の設置や測定のための接続条件の開示などを求める。自社優遇や利益相反を防ぐ情報遮断などの管理方法についても公表させる。必要な法整備やガイドラインの見直しを進め、2022年半ばごろに実施したい考えだ。

放送事業者の外資規制

　放送法と電波法は、放送事業者に対して社会的影響力などを理由に、外国人株主の議決権比率を20％未満にすることを義務づけている。限られた電波の周波数を自国の事業者に優先する目的や、外国人が大株主になって放送内容をゆがめてしまうことを防ぐ狙いがある。20％は、「3分の1未満」のNTTや航空会社よりも厳しい。

　放送関連会社・東北新社が2016年10月に衛星放送の認定を申請した時点で20％以上だったことから、21年5月にグループの衛星放送会社の一部の認定が取り消された。フジ・メディア・ホールディングスも14年9月末までの2年間、20％以上の違反状態が続いていた。しかし、解消して総務省に報告したとして、厳重注意にとどまった。

　「隠した者勝ち」になってしまう状況に、総務省は確認・報告の仕組みや、処分の仕方の見直しの検討を始めた。また、「20％未満」という外資比率の基準の妥当性に加え、海外大手の動画配信への対応という新たな問題も浮上している。

個人視聴率

　テレビ番組を見た人の割合を、性別や年齢別、職業別などに分けて算出したもの。視聴率を調査しているビデオリサーチ社が2020年3月から調査方法を全国で統一したことで、個人視聴率や、番組を視聴した人数の推計が全国規模でわかるようになった。家庭ごとに調査したこれまでの世帯視聴率と違い、どんな属性の人に番組が見られているかがより細かくわかる。重視する層は局ごとに異なるが、テレビCM枠を売買する取引指標となるため、購買力や伝播力が高い13〜49歳のコア視聴率にテレビ界の関心が集まっているという。

コミック、売り上げ過去最大に

　2020年のコミック市場の推定販売金額が前年比23％増の6126億円となり、25年ぶりに最高額を更新した（出版科学研究所調べ）。

　コロナ禍での巣ごもり需要に加え、「鬼滅の刃」の紙、電子を合わせたシリーズ累計発行部数が１億５千万部に達する大ヒットとなったことが寄与。電子は、前年比31％増の3420億円。紙の市場も19年ぶりに増加に転じ、前年を13％上回った。また、紙の単行本は、「鬼滅」を除いても前年を上回り、全体で24％増となった。一方、紙の雑誌は減少が止まらず、13％減の627億円だった。

　これまでのコミック市場の最高額は1995年の5864億円。当時は紙の雑誌が3357億円と６割近くを占めていたが、20年は１割ほどにとどまった。

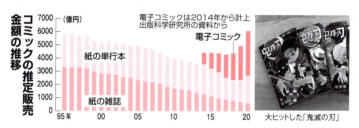

大ヒットした「鬼滅の刃」

関連用語　出版市場も前年比プラスに

　出版科学研究所によると、2020年の紙と電子を合わせた出版市場の推定販売金額は前年比4.8％増の１兆6168億円だった。巣ごもり需要や「鬼滅の刃」の爆発的ヒットが影響した。

　19年は、電子を含めた統計となった14年以来初めて前年を上回ったものの、0.2％の微増にとどまった。しかし、20年は電子出版市場が前年比28.0％増（3931億円）となり、全体を底上げした。減少が続く紙の出版物は1.0％減（１兆2237億円）と踏みとどまった。一斉休校で学習参考書や児童書が大きく伸びたほか、文芸書やビジネス書も前年を上回った。

140

AMラジオのFM転換

　全国の民間AMラジオ47局のうち44局が、2028年秋までにFMラジオ局への転換を目指すことになった。

　AM波はビル壁などに弱く、都市部での難聴が問題化したことや、送信所の水害などへの備えも不十分だとの指摘から、より簡易な設備で放送できるFM波との併用である「FM補完放送」（ワイドFM）が14年から始まった。だが、AM局の営業収入が減少する中、AMとFMの二重負担や、FMより高い設備更新費などが負担だった。総務省は制度を改めてAM局のFM放送への一本化を可能にし、23年にもAM停波の実証実験を始める方針。19年の国の調査によると、ワイドFMが聴けるラジオの普及率は53％。FM波が届かない山間地域への対応が課題となる。

週刊文春、週刊新潮が中づり広告終了

　週刊文春と週刊新潮が、電車の中づり広告を終了した。文春は2021年8月、新潮も同10月の広告が最後となった。

　中づり広告に書かれたスクープなどが、乗客らの関心を集めてきた。だが、スマートフォンの普及で、ニュースが次々と流通するネット時代に合わなくなり、電車内で広告を見て関心を持った人が雑誌を買うという購買モデルが崩れてきた。また、中づり広告と誌面の校了時期がずれるため、誌面には速報や特報を急遽入れられるが、中づりには反映できない。一方、誌面に特報などを急に入れて中づりで予告した記事を外せばクレームがくる恐れもある。

　30万部以上の週刊誌では、週刊現代が17年に、週刊ポストが15年末に中づりから撤退済み。首都圏を中心に通勤時に定着していた「中づり」の風景は変わりつつある。

時事問題

スポーツ、社会、マスコミ・広告

☑ チェックドリル

Question	Answer
☐ **1** 2021年東京五輪の柔道で、日本で初めて兄妹で金メダルを獲得したのは誰と誰か。	1 阿部一二三、詩
☐ **2** 2021年東京五輪の競泳女子個人メドレーで二つの金メダルを獲得したのは誰か。	2 大橋悠依
☐ **3** 2021年東京五輪のスケートボード女子ストリートで、日本代表史上最年少で金メダルを獲得したのは誰か。	3 西矢椛
☐ **4** 2021年東京五輪の体操男子で、個人総合と種目別鉄棒の二つの金メダルを獲得したのは誰か。	4 橋本大輝
☐ **5** 2021年東京五輪で、日本はいくつの金メダルを獲得したか。	5 27個
☐ **6** 新型コロナウイルス対策としてスポーツの国際大会などでとられる、ホテルなどの施設で選手を隔離する感染対策を何というか。	6 バブル
☐ **7** 2030年冬季五輪の開催都市に立候補している日本の都市はどこか。	7 札幌市
☐ **8** 第103回全国高校野球選手権大会で優勝した高校はどこか。	8 智弁和歌山

Question	Answer
☐**9** 2021年4月、男子ゴルフのメジャー、マスターズ・トーナメントで日本選手初の優勝を果たしたのは誰か。	9 松山英樹
☐**10** 2021年6月、全米女子オープン選手権で日本勢初優勝を果たしたのは誰か。	10 笹生優花
☐**11** 2021年7月に第73代横綱に昇進したのは誰か。	11 照ノ富士
☐**12** 2022年4月から成人年齢が引き下げられる。何歳になるか。	12 18歳
☐**13** 2019年7月の参院選をめぐる買収事件で、東京地裁から実刑判決を下された元法相は誰か。	13 河井克行
☐**14** カジノを含む統合型リゾート（IR）事業をめぐり、収賄と組織犯罪処罰法違反（証人買収）の罪で東京地裁から実刑判決を下されたのは誰か。	14 秋元司
☐**15** 知事のリコールを求める署名を偽造したとして運動団体事務局長らが逮捕された。どこの知事に対するリコールだったか。	15 愛知県
☐**16** 新型コロナウイルス対応の改正特別措置法に基づく営業時間の短縮命令に対して、賠償を求める訴えを起こした飲食チェーンはどこか。	16 グローバルダイニング

Question	Answer
☐**17** 2020年に日本を訪れた外国人は何万人だったか。	17 411万人 （411万5828人）
☐**18** 政府が目指す、2030年の訪日客数は何人か。	18 6千万人
☐**19** 外国人の収容や送還のルールを定めた法律は何というか。	19 出入国管理法
☐**20** 道路交通法で新たに罪と定められた「通行を妨害する目的で、交通の危険の恐れがある方法により一定の違反をする行為」を何というか。	20 あおり運転
☐**21** 大人の代わりに家事や介護といった家族の世話を担う子どもを何というか。	21 ヤングケアラー
☐**22** 放送法と電波法は、放送事業者に対して外国人株主の議決権比率を何％未満にすることを義務づけているか。	22 20％未満
☐**23** **22**で義務づけられた以上の議決権比率だったとして、衛星放送の認定が一部取り消された会社はどこか。	23 東北新社
☐**24** ビデオリサーチが算出する、「どんな人」がテレビ番組を見ているのかがわかるテレビの指標を何というか。	24 個人視聴率
☐**25** 2020年に過去最大を記録したコミック市場の推定販売金額は何億円か。	25 6126億円

必須の一般常識

就職試験で一般常識として出題されそうな問題を
「社会」「国語」「英語」「数学・理科」「文化・スポーツ」に
分けて構成しています。

まず、それぞれのジャンルごとに覚えておきたいキーワードや公式等をまとめています。
続いて、必要な知識がスピーディーに確認できるよう
一問一答形式の設問を出題しています。

社会

- 政治……148
- 経済……152
- 国際……156
- 社会……160
- 歴史……163
- 地理……166

一般常識／社会

政治

キーワード

●**国民の三大義務**：教育、勤労、納税　●**基本的人権**：平等権、自由権、参政権、社会権　●**三権分立**：立法権、行政権、司法権　●**国会**：国権の最高機関／法案・予算・決算の審議・議決、内閣総理大臣の指名、国政調査権、弾劾裁判所／通常国会、特別国会、臨時国会、緊急集会（参議院）／両院協議会／衆議院に予算先議権、内閣不信任の決議　●**内閣**：行政の最高機関／内閣総理大臣と国務大臣はすべて文民／内閣総理大臣は国会議員の中から選出、国務大臣は内閣総理大臣が任命（その過半数は国会議員）／議案提出権、衆議院の解散権、最高裁長官の指名、天皇の国事行為への助言と承認　●**裁判所**：最高裁判所、高等裁判所、地方裁判所、簡易裁判所、家庭裁判所／刑事裁判、民事裁判、行政裁判／三審制／違憲立法審査権　●**地方自治**：住民自治、団体自治／普通地方公共団体、特別地方公共団体

✓ チェックドリル

Question	Answer
□**1** 立法、行政、司法の三権をたがいに牽制させ、国民の政治的自由を保障する仕組みを何というか。	1 三権分立制
□**2** 立法府を二つの議会で構成する制度を何というか。	2 二院制（両院制）
□**3** 日本国憲法の三大原則は、国民主権、平和主義とあと一つは何か。	3 基本的人権の尊重
□**4** 日本国憲法第1章第1条で、天皇は「日本国民統合の」何と位置づけられているか。	4 象徴

Question	Answer
☐ **5** 衆議院議員の任期は何年か。	5 4年
☐ **6** 参議院議員の任期は何年か。	6 6年
☐ **7** 参議院議員の半数を改選する選挙は何年ごとに行われるか。	7 3年
☐ **8** 現在、参議院で合区が導入されているのは「鳥取・島根」ともう一つはどこか。	8 徳島・高知
☐ **9** 国会議員や地方議員及び首長の選挙制度について定めた法律を何というか。	9 公職選挙法
☐ **10** 現行の選挙区制のうち、1選挙区から当選者が1人しか出ない制度を何というか。	10 小選挙区制
☐ **11** 各政党の得票率に比例して議席配分を行う選挙制度を何というか。	11 比例代表制
☐ **12** 政党や政治団体に政治資金の収支報告を義務づけている法律は何か。	12 政治資金規正法
☐ **13** 地方公共団体が自治立法権に基づき、議会の議決を経て定める自治法を何というか。	13 条例
☐ **14** 国政に関する調査の関連で、証人を国会に呼んで尋問することを何というか。	14 証人喚問
☐ **15** **14**の手続きや、証人の証言方法について定めた法律を何というか。	15 議院証言法

社会

☑チェックドリル

Question	Answer
16 予算の先議権があるのは衆議院と参議院のどちらか。	16 衆議院
17 参議院の総定数はいくつか。	17 248
18 国会の種類は三つある。通常国会（常会）とあと二つは何か。	18 臨時国会（臨時会）、特別国会（特別会）
19 毎年1回、1月に召集される国会を何というか。	19 通常国会（常会）
20 19の会期は何日間か。	20 150日間
21 衆議院が解散し、総選挙が行われた後に召集される国会を何というか。	21 特別国会（特別会）
22 衆議院議員の任期満了による総選挙後に召集される国会を何というか。	22 臨時国会（臨時会）
23 罷免の訴追を受けた裁判官を裁判する国会の機関を何というか。	23 弾劾裁判所
24 国会で多数を占める政党が内閣を組織する仕組みを何というか。	24 議院内閣制
25 国務大臣のうち、国会議員でなければならない大臣の割合はどのくらいか。	25 過半数
26 国務大臣の任命や罷免の権利があるのは誰か。	26 内閣総理大臣

Question	Answer
☐**27** 日本国憲法で、内閣は行政権の行使についてどの機関に対して連帯責任を負うとされているか。	27 国会
☐**28** 内閣において、総理大臣以外の国務大臣も文民でなければならないことを何というか。	28 文民統制（シビリアンコントロール）
☐**29** 自国が攻撃されていない場合でも、密接な関係にある他国が攻撃を受けた時に自国への攻撃とみなして実力で阻止する権利を何というか。	29 集団的自衛権
☐**30** 衆議院で内閣不信任案が可決された場合、内閣が10日以内に行わなければならないことは何か。	30 衆議院の解散か内閣総辞職
☐**31** 安倍内閣が2014年4月に閣議決定した、武器輸出三原則に代わる新たな武器輸出に関する原則は何か。	31 防衛装備移転三原則
☐**32** 地方公共団体の住民が特定の事項について、投票で直接、意思表示をすることを何というか。	32 住民投票
☐**33** 日本の裁判の種類は3種類ある。刑事裁判とあと二つは何か。	33 民事裁判、行政裁判
☐**34** 憲法に定める三大義務とは、子どもに教育を受けさせる義務とあと二つは何か。	34 勤労の義務、納税の義務

一般常識／社会

経済

```
キーワード
```

●**経済主体**：企業、家計、政府　●**国民所得の三面等価の原則**：生産国民所得＝分配国民所得＝支出国民所得／国民総生産（GNP）、国内総生産（GDP）、国民純生産（NNP）／経済成長率（GDPの伸び率）／インフレ／デフレ　●**景気循環**：コンドラチェフの波、ジュグラーの波、キチンの波／均衡価格（需要曲線と供給曲線の交点における価格）／価格の自動調節作用（機能）／寡占市場／管理価格／プライスリーダー　●**金融**：直接金融、間接金融　●**通貨制度**：金本位制、管理通貨制度　●**貨幣の機能**：交換（流通）手段、価値尺度、価値貯蔵手段　●**中央銀行**：発券銀行、銀行の銀行、政府の銀行、金融政策の実施　●**金融政策**：公定歩合（金利）政策、公開市場操作、支払（預金）準備率操作　●**財政**：歳入、歳出／直接税、間接税

✓ チェックドリル

Question	Answer
□**1** 経済成長率とは、一定期間における何の伸び率をいうのか。	1 国内総生産（GDP）
□**2** ①に海外からの純所得を加えたものを何というか。	2 国民総生産（GNP）
□**3** 一国の一定期間に生産された付加価値の合計を何というか。	3 国民所得
□**4** ③は三つの面からとらえられる。生産国民所得、分配国民所得と、あと一つは何か。	4 支出国民所得

Question	Answer
5 三つの面からとらえた国民所得はすべて等しい。これを何の原則というか。	5 三面等価の原則
6 物価が持続的に上昇する状態を何というか。	6 インフレーション（インフレ）
7 先物取引やスワップ取引、オプション取引などの金融派生商品のことを何というか。	7 デリバティブ
8 取引所で企業の株式を公開したり、特定の商品を売買できるようにしたりすることを何というか。	8 上場
9 1年未満の期間で資金が貸し借りされる金融市場のことを何というか。	9 短期金融市場
10 貸し手の資金が銀行などの金融機関を経て借り手に融通される金融方法を何というか。	10 間接金融
11 中央銀行および市中金融機関から供給される一国の通貨供給量を何というか。	11 マネーストック
12 11の中に含まれるCDとは何か。	12 譲渡性預金
13 11が過剰になると、デフレとインフレ、どちらになる危険性が高いか。	13 インフレ
14 景気が停滞した状態で物価だけが上昇する現象を何というか。	14 スタグフレーション

✓ チェックドリル

Question	Answer
☐**15** 中央銀行が公開市場操作として市場で公社債や手形などを買うことを何というか。	15 買いオペレーション
☐**16** 日本銀行の最高意思決定機関は何か。	16 政策委員会
☐**17** 特定企業や業界が自由な競争を阻害する行為をしないように監視する組織を何というか。	17 公正取引委員会
☐**18** 紙幣は日本銀行が発行しているが、貨幣はどこ（の官庁）で発行しているか。	18 財務省
☐**19** 銀行の三つの大きな機能は、金融仲介機能、信用創造機能とあと一つは何か。	19 決済機能
☐**20** 日本の官庁で、民間金融機関の検査、金融制度の企画などを行う省庁はどこか。	20 金融庁
☐**21** 日経平均株価と並び日本の２大株価指数であるTOPIXの正式名称は何というか。	21 東証株価指数
☐**22** 企業のCEOとは、日本語で何というか。	22 最高経営責任者
☐**23** 企業やその事業部門を買収し、合併することを、英語の略称で一般に何というか。	23 M&A
☐**24** 三つの経済主体とは、家計（消費者）、企業とあと一つは何か。	24 政府
☐**25** 需要曲線と供給曲線の交点における価格を何というか。	25 均衡価格

Question	Answer
26 一般的な意味での需要ではなく、購買力の裏づけがある需要を何というか。	26 有効需要
27 特定の国や地域の間での貿易や人の移動、経済協力などに関する取り決めで、自由貿易協定（FTA）よりも幅広い分野で共通ルールを定める協定を何というか。	27 経済連携協定（EPA）
28 国の収入を何というか。	28 歳入
29 国が資金を調達する目的で発行する債券を何というか。	29 国債
30 企業が経営や事業活動を行う際、法令や社会規範・倫理を守ることを何というか。	30 コンプライアンス（法令順守）
31 税の負担者と納税義務者が一致する税を何というか。	31 直接税
32 税の負担者と納税義務者が一致しない税を何というか。	32 間接税
33 日本の消費税は**31**と**32**のどちらであるか。	33 **32**の間接税
34 所得税のように、高額所得者ほど税率が高くなる課税の方法を何というか。	34 累進課税
35 企業の利益ではなく、建物の面積や従業員数など事業規模に応じてかかる法人事業税を何というか。	35 外形標準課税

155

一般常識／社会

国際

キーワード

●**国際分業**：水平的分業、垂直的分業　●**貿易**：自由貿易主義、保護貿易主義（フリードリッヒ・リスト）／国際通貨基金（IMF）／世界貿易機関（WTO）／環太平洋経済連携協定（TPP）　●**地域経済化**：欧州連合（EU）、東南アジア諸国連合（ASEAN）、米・メキシコ・カナダ協定（USMCA）／モノカルチャー経済／政府の途上国援助（ODA）／世界銀行　●**国際連合**（UN）：安全保障理事会（常任理事国：米英仏ロ中）、信託統治理事会、経済社会理事会、国際司法裁判所（ICJ）／国連平和維持活動（PKO）、国連平和維持軍（PKF）　●**国連専門機関**：ユネスコ、ユニセフ／国際原子力機関（IAEA）／部分的核実験禁止条約（PTBT）、核不拡散条約（NPT）、包括的核実験禁止条約（CTBT）

☑ チェックドリル

Question / Answer

☐**1** 国際収支は、大別すると二つの収支から成り立っている。それは何か。
　1　経常収支、資本収支

☐**2** 経常収支のうち、商品の輸出入にかかわる収支のことを何というか。
　2　貿易収支

☐**3** 自由貿易主義に対し、保護関税を設けて輸入制限をすべきとする考え方を何というか。
　3　保護貿易主義

☐**4** 円高のとき、輸出価格は上昇するのか下落するのか。
　4　上昇する

☐**5** 円安のとき、輸入価格は上昇するのか下落するのか。
　5　上昇する

Question	Answer
☐**6** 国と国との貿易によって生じる債権・債務を決済する手段を何というか。	6 外国為替
☐**7** 一国の通貨と他国の通貨の交換比率を何というか。	7 為替レート (外国為替相場)
☐**8** 為替相場の安定を図るため、1945年に設立された国際通貨基金の略称は何か。	8 IMF
☐**9** 自由貿易の推進と貿易紛争の調停を目的とする世界貿易機関の略称は何か。	9 WTO
☐**10** 1985年にG５がドル高是正のため外国為替市場への協調介入を決めたときの合意を何というか。	10 プラザ合意
☐**11** **10**の合意によって日本にはどんな影響があったか。	11 円高不況が起きた
☐**12** 主要国首脳会議の通称は何か。	12 サミット
☐**13** 1993年に発足した欧州連合の略称は何か。	13 EU
☐**14** ASEANは日本語でいうと何の略称か。	14 東南アジア諸国連合
☐**15** USMCAに加盟する３カ国はどこか。	15 米国、カナダ、メキシコ
☐**16** 発展途上国の間にある経済格差の問題は何と呼ばれているか。	16 南南問題

社会

✓ チェックドリル

Question | Answer

☐ **17** 発展途上国に多い、生産や輸出を特定の一次産品に依存する経済を何というか。| 17 モノカルチャー経済

☐ **18** BRICSと呼ばれる主要新興国は、ブラジル、ロシア、インド、中国とあと一つはどこか。| 18 南アフリカ

☐ **19** 2008年9月の米証券会社の経営破綻(はたん)をきっかけとした世界的な景気後退を何というか。| 19 リーマン・ショック

☐ **20** 各国の為替相場の安定と資本移動の自由化の推進や、世界貿易や経済の発展を支援する国際機関を何というか。| 20 国際通貨基金(IMF)

☐ **21** 国際司法裁判所がある国はどこか。| 21 オランダ

☐ **22** 2021年10月現在の国連事務総長は誰か。| 22 アントニオ・グテーレス

☐ **23** 国連の安全保障理事会非常任理事国の数は何カ国か。| 23 10カ国

☐ **24** 国連の安全保障理事会常任理事国は、米国、英国、ロシアとあと2カ国はどこか。| 24 フランス、中国

☐ **25** 国連総会での重要事項の議決には、加盟国のうち、どのくらいの賛成が必要か。| 25 3分の2以上

☐ **26** 停戦監視や選挙監視などの監視活動、国連平和維持軍(PKF)の展開などをする国連の活動を何というか。| 26 国連平和維持活動(PKO)

Question	Answer
27 国際的な情報交換、成人教育の振興、文化遺産の保護活動などを行う国連の機関を何というか。	27 国連教育科学文化機関（ユネスコ）
28 迫害や紛争によって故郷を追われた人々を人道的見地から支援する国連の機関は何か。	28 国連難民高等弁務官事務所（UNHCR）
29 第2次世界大戦後間もなく、米国や西欧諸国が結成した集団安全保障機構は何か。	29 北大西洋条約機構（NATO）
30 1963年に米国、英国、ソ連によって結ばれた地下核実験以外の核実験を禁止した条約は何か。	30 部分的核実験禁止条約（PTBT）
31 原子力の軍事転用を防ぐため、イランや北朝鮮の核査察を行った国際的な専門機関は何か。	31 国際原子力機関（IAEA）
32 米国、英国、フランス、ロシア、中国以外が核兵器を保有することを禁止する条約は何か。	32 核不拡散条約（NPT）
33 国連海洋法条約に基づき、海に面した国の経済的な主権が及ぶ範囲を何というか。	33 排他的経済水域（EEZ）
34 領土権の確定といった国家間の訴訟事件の裁判などを行う国連の機関は何か。	34 国際司法裁判所（ICJ）
35 2014年に、ロシアが一方的に編入することを宣言した地域はどこか。	35 クリミア半島

社会

一般常識／社会

社会

キーワード

公判前整理手続き／情報リテラシー／情報技術（IT）／ソーシャルメディア／男女雇用機会均等法／女子差別撤廃条約／男女共同参画社会／パワハラ／セクハラ／消費者庁／高年齢者雇用安定法／リストラ／不良債権／規制緩和／悪徳商法／消費者主権／クーリングオフ制度／製造物責任（PL）法／環境問題／少子化／健康増進法／国勢調査／超高齢社会／社会保障（社会保険、社会福祉、公的扶助、公衆衛生）／社会保険（医療保険、年金保険、雇用保険、労働者災害補償保険、介護保険）／バリアフリー／労働三法（労働基準法、労働組合法、労働関係調整法）／非正規雇用／サービス残業／再審制度／検察審査会

☑チェックドリル

Question	Answer
□**1** 審理期間を短縮するため、初公判前に検察側と弁護側が主張や証拠を示し合って争点を絞り込む司法手続きを何というか。	1 公判前整理手続き
□**2** 情報通信機器の操作能力、または情報そのものを使いこなす能力を何というか。	2 情報リテラシー
□**3** 全人口に対し、65歳以上の人口が21％以上を占める社会を何というか。	3 超高齢社会
□**4** 介護が必要な高齢者を社会全体で支えるため2000年に施行された法律は何か。	4 介護保険法
□**5** ④の法律に基づいて、介護サービス計画を作成する専門家を何というか。	5 介護支援専門員（ケアマネジャー）

Question	Answer
☐**6** 生産年齢人口とは何歳から何歳までの人口をいうか。	6 15歳から64歳
☐**7** 人口や世帯構成などの把握を目的に5年ごとに行われる全国的な調査は何か。	7 国勢調査
☐**8** 1947〜49年のベビーブームの時期に生まれた人たちは何と呼ばれているか。	8 団塊の世代
☐**9** 男女の雇用および待遇の平等実現を目指して1986年に施行された法律は何か。	9 男女雇用機会均等法
☐**10** 産業優先の行政から生活者重視に転換を図るために、2009年9月に発足した消費者行政を一元的に担う中央官庁はどこか。	10 消費者庁
☐**11** 65歳まで働きたい人全員の雇用確保を企業に義務づけた法律は何か。	11 高年齢者雇用安定法
☐**12** 2020年に改正法が全面施行された、受動喫煙対策を強化した法律は何か。	12 健康増進法
☐**13** 日本の社会保障制度の四つの柱は、社会保険、公的扶助、社会福祉とあと一つは何か。	13 公衆衛生
☐**14** 日本の社会保険の種類は、医療、年金、雇用、介護とあと一つは何か。	14 労働者災害補償保険（労災保険）
☐**15** 国民の中から抽選で選ばれた裁判員と裁判官が一緒に判決を決める制度を何というか。	15 裁判員制度

社会

✓ チェックドリル

Question	Answer
16 日本で1961年から続いてきた、全国民が公的医療保険制度に加入することを何というか。	16 国民皆保険
17 自営業者や農業者など被用者でない人を対象とする医療保険制度を何というか。	17 国民健康保険
18 日本の労働三法といわれるのは、労働基準法、労働関係調整法とあと一つは何か。	18 労働組合法
19 訪問販売などでの売買契約を、一定期間であれば無条件で解除できる制度は何か。	19 クーリングオフ
20 冤罪防止のため、判決確定後の救済手続きとして刑事訴訟法に定められている制度は何か。	20 再審制度
21 くじで選ばれた11人の市民が、検察官の不起訴処分が妥当だったかどうかを審査する仕組みを何というか。	21 検察審査会
22 容疑者や被告が他人の犯罪を明らかにすると、検察官が起訴を見送ったり、求刑を軽くしたりする制度を何というか。	22 司法取引
23 2016年4月に施行された、障害を理由とした差別の禁止を国や自治体と民間事業者に義務づけた法律は何か。	23 障害者差別解消法
24 製品の欠陥によって生じた損害の賠償責任を製造業者などに負わせる法律は何か。	24 製造物責任法（PL法）

一般常識／社会

歴史

キーワード

●**四大文明**：メソポタミア、エジプト、黄河、インダス　●**ギリシャ文明**：ヘレニズム文化／アレキサンダー大王／ローマ帝国／シルクロード／ルネサンス　●**大航海時代**：コロンブス、バスコ・ダ・ガマ、マゼラン　●**宗教改革**：ルター、カルバン　●**市民革命**：清教徒革命、名誉革命（ともにイギリス）、アメリカ独立宣言、フランス革命／産業革命／第1次世界大戦／第2次世界大戦　●**原始・古代**：縄文時代／弥生時代／邪馬台国／大化の改新　●**奈良時代**：聖武天皇　●**平安時代**：摂関政治、院政　●**鎌倉時代**：源頼朝、元寇　●**室町時代**：足利尊氏、応仁の乱　●**安土桃山時代**：織豊政権　●**江戸時代**：徳川家康、三大改革（享保、寛政、天保）　●**明治維新以降**：廃藩置県／日清戦争／日露戦争／大正デモクラシー／太平洋戦争／サンフランシスコ講和会議

✓ チェックドリル

Question	Answer
□**1** 流域に古代メソポタミア文明が栄えた二つの川の名称は何か。	1 チグリス川、ユーフラテス川
□**2** ローマ帝国が東西に分裂したのは何世紀か。	2 4世紀
□**3** 国号を元とし、南宋を滅ぼして中国を統一したモンゴルの指導者は誰か。	3 フビライ・ハン
□**4** 14～16世紀にイタリアを中心に欧州で展開された学問・芸術の革新運動を何というか。	4 ルネサンス

☑ チェックドリル

Question	Answer
☐**5** イグナティウス・デ・ロヨラらが宗教改革に対抗して設け、海外布教に努めた組織を何というか。	5 イエズス会
☐**6** 米国の初代大統領は誰か。	6 ジョージ・ワシントン
☐**7** 清が降伏したため、イギリスに香港を割譲することとなった戦争を何というか。	7 アヘン戦争
☐**8** 1930年代に米国のフランクリン・ルーズベルト大統領が行った恐慌対策を何というか。	8 ニューディール政策
☐**9** 第2次世界大戦終結のため、日本に無条件降伏を求めて発せられた宣言は何か。	9 ポツダム宣言
☐**10** 朝鮮戦争の休戦ラインを何というか。	10 軍事境界線
☐**11** 16世紀、スペインの無敵艦隊がイギリス艦隊に敗れた海戦は何と呼ばれるか。	11 アルマダの海戦
☐**12** 仁徳陵古墳（大山古墳）は、何と呼ばれる形態の古墳か。	12 前方後円墳
☐**13** 672年に起きた壬申の乱は、大海人皇子と誰との争いであったか。	13 大友皇子
☐**14** 日本で最初に制定された律令を何というか。	14 大宝律令
☐**15** 平安時代に摂関政治の全盛期を築き、御堂関白と呼ばれた人物は誰か。	15 藤原道長

Question	Answer
☐**16** 唐で学んだ最澄が帰国して開いた宗派を何というか。	16 天台宗
☐**17** 鎌倉時代に、後鳥羽上皇が朝廷政治の復活を図って起こした反乱を何というか。	17 承久の乱
☐**18** 元寇のときの鎌倉幕府の執権は誰か。	18 北条時宗
☐**19** 室町幕府の最後の将軍は誰か。	19 足利義昭
☐**20** 享保の改革を主導した将軍は誰か。	20 徳川吉宗
☐**21** 日本にキリスト教が伝来したのは何年か。	21 1549年
☐**22** 1867年、徳川慶喜は政権を朝廷に返した。このことを何というか。	22 大政奉還
☐**23** 明治時代に内閣制度が発足したとき、初代首相となったのは誰か。	23 伊藤博文
☐**24** 日清戦争の講和条約は何という条約か。	24 下関条約
☐**25** 日露戦争の講和条約は何という条約か。	25 ポーツマス条約
☐**26** 1951年のサンフランシスコ講和条約調印式に出席した日本の首相は誰か。	26 吉田茂
☐**27** 沖縄返還の実現や、非核三原則でノーベル平和賞を受賞した日本の元首相は誰か。	27 佐藤栄作

社会

一般常識／社会

地理

キーワード

- ●六大陸：ユーラシア、アフリカ、北アメリカ、南アメリカ、南極、オーストラリア ●三大洋：太平洋、インド洋、大西洋 ●造山帯：アルプス・ヒマラヤ造山帯、環太平洋造山帯 ●海底地形：大陸棚、海溝、海淵 ●大気の循環：貿易風、偏西風 ●地方風：熱風、フェーン、ブリザード、熱帯低気圧 ●海流：暖流、寒流／エルニーニョ現象、ラニーニャ現象 ●気候の三大要素：気温、風、降水 ●気候：大陸性気候、海洋性気候／熱帯（熱帯雨林気候、サバナ気候）、乾燥帯、温帯（地中海性気候、西岸海洋性気候）、冷帯（亜寒帯）、寒帯（ツンドラ気候、氷雪気候）／時差（経度15度ごとに１時間）／日本の東端（東京・南鳥島）、西端（沖縄・与那国島）、南端（東京・沖ノ鳥島）、北端（北海道・択捉島）／フォッサマグナ

☑ チェックドリル

Question	Answer
□1 地球の六大陸とは、アフリカ、北アメリカ、南アメリカ、オーストラリア、南極と何か。	1 ユーラシア
□2 地球の三大洋とは、太平洋、大西洋とあと一つは何か。	2 インド洋
□3 世界で最も面積の広い湖はどこか。	3 カスピ海
□4 大陸棚とは、大陸のまわりの、深さがおよそ何mまでの海底のことをいうのか。	4 約200m
□5 地球の造山帯は、アルプス・ヒマラヤ造山帯とあと一つは何か。	5 環太平洋造山帯

Question	Answer
☐**6** 地球の陸と海の面積比は何対何か。	6 3（陸）：7（海）
☐**7** 平年に比べ、ペルー沖の海面水温の低い状態が1年程度続く現象を何と呼ぶか。	7 ラニーニャ現象
☐**8** 地球の低緯度から高緯度に流れる海流を何というか。	8 暖流
☐**9** 五つの気候区分とは、熱帯、温帯、寒帯のほか、あと二つは何か。	9 乾燥帯、冷帯（亜寒帯）
☐**10** 地中海沿岸に分布している、石灰岩が母岩となってできた赤褐色の土壌を何というか。	10 テラロッサ
☐**11** モンスーンとは日本語でいうと何のことか。	11 季節風
☐**12** 雨期と乾期がはっきり分かれるアフリカなどに分布する気候を何というか。	12 サバナ（サバンナ）気候
☐**13** 最暖月の平均気温がセ氏0〜10度という北極海沿岸部やグリーンランド沿岸部などに分布する気候を何というか。	13 ツンドラ気候
☐**14** 熱帯・亜熱帯地方で、コーヒーや綿花などの単一作物を栽培する大農園を何というか。	14 プランテーション
☐**15** 北大西洋または北東太平洋で発生する最大風速33m／秒以上の熱帯低気圧は何と呼ばれるか。	15 ハリケーン

社会

✓ チェックドリル

Question	Answer
☐**16** オランダにあるロッテルダム港は、通称では何と呼ばれるか。	16 ユーロポート
☐**17** アフリカ大陸とアラビア半島の間にある細長い海を何というか。	17 紅海
☐**18** 日本の最西端はどこか。	18 与那国島（沖縄県）
☐**19** 日本の最南端はどこか。	19 沖ノ鳥島（東京都）
☐**20** 日本列島の本州中央部を南北に縦断する地溝帯のことを何というか。	20 フォッサマグナ
☐**21** 日本で最も長い川はどこか。	21 信濃川
☐**22** 日本で最も面積が小さい県はどこか。	22 香川県
☐**23** 本州と北海道の間の海峡を何というか。	23 津軽海峡
☐**24** 伊勢湾に面している県はどことどこか。	24 愛知県、三重県
☐**25** 山口県の秋吉台のように石灰岩などが水に浸食されてできた地形を何というか。	25 カルスト台地
☐**26** 日本で発電量が最も多いのは、火力発電、水力発電、原子力発電のうちどれか。	26 火力発電
☐**27** 京浜、東海、中京、阪神、瀬戸内、北九州にかけて帯状に連なる工業地帯を何というか。	27 太平洋ベルト地帯

漢字	170
四字熟語	176
慣用句	178
ことわざ・故事成語	180
同義語・対義語	182
文法・敬語	184
カタカナ語	186

一般常識／国語

漢字

キーワード

●覚えておきたい難読漢字

造詣／罹災／訝る／従容／虚空／因業／辟易／草鞋／一縷／矜持／訥弁／回向／寡聞／相好／仄聞／乖離／出色／更迭／好事家／庫裏／僥倖／名利／朱鷺／蔑む／鳩尾／固唾／忌憚／汎用／殺陣／凡例／上梓／薪能／忖度／斟酌／綻ぶ／敷設／詮索／斡旋／出納／相殺／胡座／白眉／減殺／緩和／赴任／訴訟／推薦／完璧／快哉／灰汁／功徳／団扇／瓦解／夭折／冤罪／忸怩／脆弱／累積／侮る／暫時／逼迫／幕間／紫陽花／行脚／居丈高／健気／時化／百日紅／進捗／諭旨／鼎談／頒布／破綻／婉曲／数珠／善後策／十六夜／召還／知己／麦秋

✓ チェックドリル

Question

◆下線部の漢字の読みを答えなさい。

☐ **1** 西洋美術に造詣が深い

☐ **2** 罹災地に物資を送る

☐ **3** 嘘をついているのではないかと訝る

☐ **4** 従容と受け入れる

☐ **5** 虚空に消える

☐ **6** 因業な仕打ち

☐ **7** 草鞋を履く

☐ **8** 一縷の望みをかける

Answer

1　ぞうけい

2　りさい

3　いぶか

4　しょうよう

5　こくう

6　いんごう

7　わらじ

8　いちる

Question	Answer
☐ **9** 社会人としての矜持を持つ	9 きょうじ
☐ **10** 訥弁だが心揺さぶる	10 とつべん
☐ **11** 犠牲者の回向を続ける	11 えこう
☐ **12** 寡聞にして知らない	12 かぶん
☐ **13** 相好を崩す	13 そうごう
☐ **14** 仄聞したところ	14 そくぶん
☐ **15** 現実から乖離する	15 かいり
☐ **16** 出色の出来栄え	16 しゅっしょく
☐ **17** 外務大臣を更迭する	17 こうてつ
☐ **18** 好事家の関心を引く	18 こうずか
☐ **19** 立派な庫裏	19 くり
☐ **20** 僥倖にめぐりあう	20 ぎょうこう
☐ **21** 古都・奈良の名刹	21 めいさつ
☐ **22** 朱鷺が大空を舞う	22 とき
☐ **23** 人を蔑む発言	23 さげす
☐ **24** 鳩尾が痛む	24 みぞおち

チェックドリル

Question	Answer
25 固唾をのむ	25 かたず
26 野に下る	26 や
27 忌憚のない意見	27 きたん
28 汎用性が高い	28 はんよう
29 殺陣を習う	29 たて
30 凡例を載せる	30 はんれい
31 新刊を上梓する	31 じょうし
32 薪能を鑑賞する	32 たきぎのう
33 相手の考えを忖度する	33 そんたく
34 斟酌の余地	34 しんしゃく
35 つぼみが綻ぶ	35 ほころ
36 鉄道を敷設する	36 ふせつ

◆下線部のひらがなを漢字に直しなさい。

1 あれこれせんさくする	1 詮索
2 就職をあっせんする	2 斡旋
3 ぜんごさくを講じる	3 善後策

Question	Answer
☐ **4** はくびの一作	4 白眉
☐ **5** あぐらをかいてくつろぐ	5 胡座
☐ **6** うやうやしい態度	6 恭
☐ **7** 興味がげんさいされる	7 減殺
☐ **8** しんちょく状況を確認する	8 進捗
☐ **9** けなげな態度	9 健気
☐ **10** 敵をあなどる	10 侮
☐ **11** 海がしける	11 時化
☐ **12** 国をすべる	12 統
☐ **13** 赤字がるいせきする	13 累積
☐ **14** 前人みとうの地	14 未到
☐ **15** 被害者の遺族をいぶする	15 慰撫
☐ **16** 大使をしょうかんする	16 召還
☐ **17** 組織ががかいする	17 瓦解
☐ **18** ごうはらな仕打ち	18 業腹
☐ **19** かいさいを叫ぶ	19 快哉

✓ チェックドリル

Question	Answer
□**20** 迷いを<u>ふっしょく</u>する	20 払拭
□**21** <u>ざんじ</u>停止	21 暫時
□**22** <u>くじゅう</u>の決断	22 苦渋

◆次のA、Bの下線部に共通する漢字を書きなさい。

□**1**	A 気持ちが<u>あせる</u> B <u>しょう</u>点が合う	1 焦
□**2**	A <u>こ</u>用を生み出す B <u>や</u>とい主と相談する	2 雇
□**3**	A 世間に<u>うと</u>まれる B 過<u>そ</u>地の医療	3 疎
□**4**	A <u>せん</u>制君主のように振る舞う B <u>もっぱ</u>ら聞くばかり	4 専
□**5**	A 人の心を<u>もてあそぶ</u> B 仲間を愚<u>ろう</u>する行為	5 弄
□**6**	A 破天<u>こう</u>な試み B 心が<u>すさ</u>む	6 荒
□**7**	A 生活の<u>かて</u> B 三日分の食<u>りょう</u>	7 糧

Question

□8 　A　本を<u>あらわす</u>
　　B　<u>いちじるしい</u>成長

◆次の下線部を漢字に直しなさい。
□1 　A　研究の<u>たいしょう</u>
　　B　原本と<u>たいしょう</u>する
　　C　左右<u>たいしょう</u>

□2 　A　パソコンの<u>ほしょう</u>書
　　B　日米安全<u>ほしょう</u>条約
　　C　損害<u>ほしょう</u>

□3 　A　<u>いじょう</u>な暑さが続く
　　B　戦線に<u>いじょう</u>がある
　　C　所有権を<u>いじょう</u>する
　　D　飲酒は20歳<u>いじょう</u>から

□4 　A　他国から<u>かんしょう</u>される
　　B　絵画を<u>かんしょう</u>する
　　C　<u>かんしょう</u>材を入れる

□5 　A　成績<u>ふしん</u>に陥る
　　B　<u>ふしん</u>に思う
　　C　交渉に<u>ふしん</u>する
　　D　寺院を<u>ふしん</u>する

□6 　A　進化の<u>かてい</u>
　　B　博士<u>かてい</u>に進む
　　C　<u>かてい</u>の計算

Answer

8　著

1　A　対象
　B　対照
　C　対称

2　A　保証
　B　保障
　C　補償

3　A　異常
　B　異状
　C　移譲
　D　以上

4　A　干渉
　B　鑑賞
　C　緩衝

5　A　不振
　B　不審
　C　腐心
　D　普請

6　A　過程
　B　課程
　C　仮定

国語

175

一般常識／国語
四字熟語

キーワード

●覚えておきたい四字熟語

気宇壮大／一蓮托生／一言居士／一日千秋／一網打尽／虚心坦懐／三々五々／九死一生／紆余曲折／上意下達／有象無象／侃々諤々／馬耳東風／傍（岡）目八目／大器晩成／五里霧中／千変万化／竜頭蛇尾／百鬼夜行／付和雷同／天衣無縫／唯々諾々／一知半解／秋霜烈日／虎視眈々／絶体絶命／酒池肉林／遠交近攻／泰山北斗／針小棒大／切磋琢磨／当意即妙／旧態依然／起死回生／危機一髪／画竜点睛／信賞必罰／渾然一体／九牛一毛／衆人環視／快刀乱麻／合従連衡／異口同音／落花狼藉／青天白日／論功行賞／試行錯誤／徹頭徹尾／森羅万象／朝三暮四

✓ チェックドリル

Question

◆次の四字熟語の読みを答えなさい。

☐ **1** 馬耳東風

☐ **2** 上意下達

☐ **3** 気宇壮大

☐ **4** 有象無象

☐ **5** 虚心坦懐

☐ **6** 侃々諤々

☐ **7** 千変万化

Answer

1 ばじとうふう

2 じょういかたつ

3 きうそうだい

4 うぞうむぞう

5 きょしんたんかい

6 かんかんがくがく

7 せんぺんばんか

Question	Answer
◆枠内に漢字を入れて四字熟語を完成させなさい。	
□**1** 絶□絶命（ぜったいぜつめい）	1 体
□**2** 画竜点□（がりょうてんせい）	2 睛
□**3** 快刀乱□（かいとうらんま）	3 麻
□**4** □知半解（いっちはんかい）	4 一
□**5** 九□一毛（きゅうぎゅうのいちもう）	5 牛
□**6** 遠交近□（えんこうきんこう）	6 攻
□**7** □和雷同（ふわらいどう）	7 付
□**8** 旧□依然（きゅうたいいぜん）	8 態
□**9** 論□行賞（ろんこうこうしょう）	9 功
□**10** 衆人□視（しゅうじんかんし）	10 環
□**11** □目八目（おかめはちもく）	11 傍（岡）
□**12** 危機一□（ききいっぱつ）	12 髪
□**13** 五里□中（ごりむちゅう）	13 霧
□**14** 秋霜□日（しゅうそうれつじつ）	14 烈
□**15** □天白日（せいてんはくじつ）	15 青

一般常識／国語

慣用句

キーワード

●覚えておきたい慣用句
目に余る／目から鼻へ抜ける／目を回す／目の黒いうち／目の敵（かたき）／木で鼻をくくる／歯に衣着せぬ／怒り心頭に発する／足元を見る／足がつく／足が出る／足を洗う／足を棒にする／手を焼く／合いの手を入れる／尻に敷く／腰が重い／腰がある／腰が軽い／腰を抜かす／胸を打つ／胸をなでおろす／胸が裂ける／腹に据えかねる／腹が黒い／腹が据わる／腹の虫がおさまらない／肩にかかる／肩を持つ／尻尾を出す／尻尾をつかむ／伸るか反るか／後ろ髪を引かれる／対岸の火事／濡れ手で粟／押っ取り刀／秋風が立つ／枯れ木も山の賑わい／的を射る

☑ チェックドリル

Question	Answer
◆（　）内を補い、次の意味を表す慣用句を完成させなさい。	
□1 自分には関係ないこととして受け止める物事のたとえ →対岸の（　）	1 火事
□2 素っ気ない態度 →木で（　）をくくる	2 鼻
□3 いちかばちか →（　）か反るか	3 伸る
□4 優れていて賢いこと →目から（　）へ抜ける	4 鼻

Question	Answer
5 無精でなかなか行動を起こそうとしないこと →（ ）が重い	5 腰
6 未練が残ること →後ろ（ ）を引かれる	6 髪
7 相手の動作や話などの合間にはさむ言葉や動作 →合いの手を（ ）	7 入れる
8 つまらないものでも、ないよりはましなこと →（ ）も山の賑わい	8 枯れ木
9 要点をうまくつかむこと →的を（ ）	9 射る
10 激しく怒ること →怒り心頭に（ ）する	10 発
11 ずけずけとものを言うこと →歯に（ ）着せぬ	11 衣
12 感動させる →（ ）を打つ	12 胸
13 大急ぎで駆けつけるさま →押っ取り（ ）	13 刀
14 男女間の愛情が薄れること →（ ）が立つ	14 秋風

一般常識／国語

ことわざ・故事成語

キーワード

●覚えておきたいことわざ・故事成語
年寄りの冷や水／沈黙は金／聞くは一時の恥、聞かぬは一生の恥／二階から目薬／袖振り合うも多生の縁／糠(ぬか)に釘／果報は寝て待て／李下に冠を正さず／ひょうたんから駒／弘法にも筆の誤り／覆水盆に返らず／一寸の虫にも五分の魂／舌先三寸／海老で鯛を釣る／能ある鷹は爪を隠す／井の中の蛙(かわず)大海を知らず／旅の恥は掻き捨て／犬も歩けば棒に当たる／役不足／二の舞を演じる／押しも押されもせぬ／騎虎の勢い／五十歩百歩／取りつく島もない／糟糠(そうこう)の妻／枕を高くして臥(が)す／画餅(がべい)に帰す／石橋を叩いて渡る／羹(あつもの)に懲りて膾(なます)を吹く／塞翁が馬

✓ チェックドリル

Question	Answer
◆次の意味を表すことわざや故事成語の（　）に入る言葉を答えなさい。	
□**1** 人に疑われるようなことは避けること →（　）に冠を正さず	1 李下
□**2** 力量に対して役目が不相応に軽いこと →（　）不足	2 役
□**3** 前に失敗したのに懲りて、必要以上の用心をすること →羹に懲りて（　）を吹く	3 膾
□**4** 口先だけの巧みな弁舌 →（　）先三寸	4 舌

Question	Answer
5 行きがかり上、途中でやめられなくなること →（　）の勢い	5　騎虎
6 相手の態度が冷淡で、話を進めるきっかけがつかめないこと →取りつく（　）もない	6　島
7 心配事がなくなり安心すること →枕を高くして（　）す	7　臥
8 人のまねをすること。特に、前の人と同じ失敗をすること →二の舞を（　）	8　演じる
9 ゆるぎないこと →押しも押さ（　）	9　れもせぬ
10 計画したことが失敗し、無駄になること →（　）に帰す	10　画餅
11 大差のないこと →（　）百歩	11　五十歩
12 貧しい時から苦労を共にした妻 →（　）の妻	12　糟糠
13 人間の運不運は予測できないものである →（　）が馬	13　塞翁

国語

181

一般常識／国語

同義語・対義語

キーワード

●覚えておきたい同義語：有名＝著名／借金＝負債／努力＝勤勉／進退＝去就／承知＝納得／自負＝矜持／心配＝不安／統率＝指揮／普及＝流布／明白＝歴然／意図＝作為／応援＝激励／興奮＝熱狂／執着＝拘泥／優秀＝秀逸／敏感＝鋭敏／豊富＝潤沢／幼稚＝未熟／雑然＝乱雑／交渉＝折衝／一切＝万事／難局＝苦境／暗示＝示唆／短所＝欠点／長所＝美点

●覚えておきたい対義語：横柄⇔謙虚／理想⇔現実／偶然⇔必然／原則⇔例外／自由⇔束縛／繁栄⇔衰退／実在⇔架空／快諾⇔固辞／閑散⇔繁忙／傲慢⇔謙虚／模倣⇔創造／参入⇔撤退／原因⇔結果／発端⇔結末／緊張⇔弛緩／絶対⇔相対／慎重⇔軽率／促進⇔抑制／増進⇔減退／保守⇔革新／需要⇔供給／真実⇔虚偽／迅速⇔緩慢／延長⇔短縮／創造⇔破壊／理論⇔実践

✓ チェックドリル

Question	Answer
◆次の言葉の同義語を答えなさい。	
□**1** 有名	1 著名
□**2** 借金	2 負債
□**3** 努力	3 勤勉
□**4** 進退	4 去就
□**5** 承知	5 納得
□**6** 自負	6 矜持

Question	Answer
☐ 7 一切	7 万事
☐ 8 暗示	8 示唆
☐ 9 雑然	9 乱雑

◆次の言葉の対義語を答えなさい。

Question	Answer
☐ 1 横柄	1 謙虚
☐ 2 理想	2 現実
☐ 3 偶然	3 必然
☐ 4 原則	4 例外
☐ 5 自由	5 束縛
☐ 6 繁栄	6 衰退
☐ 7 実在	7 架空
☐ 8 快諾	8 固辞
☐ 9 傲慢	9 謙虚
☐ 10 模倣	10 創造
☐ 11 緊張	11 弛緩
☐ 12 絶対	12 相対

一般常識／国語

文法・敬語

> **キーワード**
>
> ●覚えておきたい敬語
> 尊敬語のパターン：①「お（ご）〜になる」例）おいでになる／お帰りになる／お聞きになる／ご覧になる　②「〜れる」「〜られる」例）言われる／歩かれる　③特別な語を使う　例）召し上がる／おっしゃる／くださる
> 謙譲語のパターン：①「お（ご）〜する（いたす）」例）お尋ねする／ご案内する　②特別な語を使う　例）参る／いただく／申し上げる／粗品
> 丁寧表現：名詞に「お（ご）」を付ける　例）ご家族／お母様
> ●覚えておきたい副詞の用法
> 全然〜ない／さらさら〜ない／ついぞ〜ない／あたかも〜のようだ

✓チェックドリル

Question

◆次の語を尊敬語・謙譲語にそれぞれ直しなさい。

□**1**「行く」

□**2**「会う」

□**3**「食べる」

Answer

1　(尊)「いらっしゃる」
　　「お出かけになる」
　　「おいでになる」
　　(謙)「参る」「伺う」

2　(尊)「お会いになる」
　　(謙)「お目にかかる」

3　(尊)「召し上がる」
　　(謙)「いただく」

Question	Answer
☐ **4**「言う」	4 (尊)「おっしゃる」「お話しになる」(謙)「申し上げる」

◆次の下線部は尊敬語・丁寧語・謙譲語のどれか。

☐ **1** お客様が<u>お待ち</u>です	1 尊敬語
☐ **2** 今日はよいお天気<u>です</u>	2 丁寧語
☐ **3** <u>拙宅</u>にお招きする	3 謙譲語
☐ **4** 失礼<u>いたし</u>ます	4 謙譲語

◆次の下線部の間違いを直しなさい。

☐ **1** 社長が<u>お戻りになられ</u>ました	1 お戻りになり／戻られ
☐ **2** <u>ご利用して</u>いただきありがとうございます	2 ご利用いただき／利用していただき
☐ **3** さらさら<u>思っていた</u>	3 思っていなかった
☐ **4** 支店長から本社役員に<u>左遷</u>になった	4 栄転
☐ **5** 全然<u>届いている</u>	5 届いていない
☐ **6** 彼はついぞ<u>現れた</u>	6 現れなかった
☐ **7** あたかも<u>知っていた</u>	7 知っているかのようだった

国語

一般常識／国語

カタカナ語

キーワード

●覚えておきたいカタカナ語
アーカイブ／エビデンス／サステイナビリティー／リテラシー／ダイバーシティー／コラボレーション／ペイオフ／デリバティブ／クラウドファンディング／インフォームド・コンセント／トリアージ／アセスメント／アジェンダ／デフォルト／アライアンス／ソリューション／アウトソーシング／バリアフリー／オンブズマン／インバウンド／マネーロンダリング／インセンティブ／インキュベーター

✓ チェックドリル

Question

◆次の解説にあたるカタカナ語を答えなさい。

□**1** もともとは公文書保管所、公文書記録を意味するが、最近はデジタル化したデータを圧縮し保管している場所のことも指す言葉は何か。

□**2** 医学でこの治療法がよいといえる「証拠」のことを何というか。

□**3** 社会の仕組みや環境などが持続可能であることを指す言葉は何か。

□**4** 読み書き能力のことだが、最近ではコンピューターを使いこなす能力や、それによって得た情報を活用する能力のことも指す言葉は何か。

Answer

1 アーカイブ
（archive）

2 エビデンス
（evidence）

3 サステイナビリティー
（sustainability）

4 リテラシー
（literacy）

Question	Answer
☐ **5** 性別や国籍、年齢などを問わずに多様な人材を活用することで生産性を上げ、企業の成長と個人の幸せを同時に目指す概念を何というか。	5 ダイバーシティー（diversity）
☐ **6** 合作、共同研究、協調などの意味があり、複数の企業が互いの得意分野を生かした商品開発や共同事業を展開する際によく使われる言葉は何か。	6 コラボレーション（collaboration）
☐ **7** 金融機関が破綻(はたん)した場合に、預金保険機構が預金者に一定額までの元本と利息を保証する制度を何というか。	7 ペイオフ（payoff）
☐ **8** 株や債券、為替などの金融商品を元にし、「金融派生商品」と呼ばれるのは何か。	8 デリバティブ（derivatives）
☐ **9** 主にインターネットを使って不特定多数の人から小口のお金を集める手法を何というか。	9 クラウドファンディング（crowd funding）
☐ **10** 患者が医師から治療方針や方法について、十分に説明を受け、同意したうえで治療を進めることを何というか。	10 インフォームド・コンセント（informed consent）
☐ **11** 大災害や大事故で多数の負傷者が出た時に、手当ての緊急度に従って優先順位をつけることを何というか。	11 トリアージ（triage）
☐ **12** 「環境」や「リスク」など、物事を事前に評価や査定することを何というか。	12 アセスメント（assessment）

✓ チェックドリル

Question

☐ **13** 実施すべき計画のことで、特に政治や国際分野で「検討課題」や「行動計画」を表す言葉は何か。

☐ **14** 国債や社債の利払いが遅れたり、元本の償還が不能になったりすることを何というか。

☐ **15** もともとは「同盟」という意味で、複数の企業が利益獲得のために協力し合うことを何というか。

☐ **16** 顧客の業務上の問題点の解決や、新たな要望に応じるためのコンピューター・システムの開発を何というか。

☐ **17** 会社の業務の一部を専門業者などの外部に委託することを何というか。

☐ **18** 家庭内や街から、障害者や高齢者の行動の妨げになる要素をなくすことを何というか。

☐ **19** 行政機関に対する国民の苦情処理や行政活動の監視・告発を行っている行政監査専門員やその機関のことを何というか。

☐ **20** 「入ってくる」という意味で、海外から日本へ来る観光客を指す言葉は何か。

Answer

13 アジェンダ
(agenda)

14 デフォルト
(default)

15 アライアンス
(alliance)

16 ソリューション
(solution)

17 アウトソーシング
(outsourcing)

18 バリアフリー
(barrier-free)

19 オンブズマン
(ombudsman)

20 インバウンド
(inbound)

英語

時事英語 ……………… 190
英熟語 ………………… 194
英文略語 ……………… 198
ことわざ・慣用句 …… 200
文法 …………………… 203

一般常識／英語

時事英語

キーワード

●覚えておきたい時事英語

prime minister / Liberal Democratic Party / tax revenue / constitutional revision/ general election/Digital Agency / Hometown tax donation / poverty rate / children on day-care waiting list / Crypto Assets / Trans-Pacific Partnership / Economic Partnership Agreement / primary balance / Whistleblower Protection Act / Regional Comprehensive Economic Partnership / greenhouse gas / global warming / renewable energy / chip crunch/genome editing / Artificial Intelligence / impeachment trial / Treaty on the Prohibition of Nuclear Weapons / Hong Kong national security law / one country, two systems / territorial dispute / World Heritage Site / COVID-19 / pandemic / quasi-emergency measures / minimum wage / Conference of the Parties to the United Nations Framework Convention on Climate Change / Paris Agreement / nuclear power plant / labor union / death from overwork / equal pay for work of equal value / referendum / legal age of adulthood / Juvenile Law / reckless driving / heatstroke / fertility treatment/ infertility treatment

☑チェックドリル

Question

◆次の英語の意味を表す日本語を答えなさい。

☐ **1** prime minister

☐ **2** Liberal Democratic Party

☐ **3** tax revenue

Answer

1 内閣総理大臣、首相

2 自由民主党

3 税収

Question	Answer
☐ 4 constitutional revision	4 憲法改正
☐ 5 general election	5 総選挙
☐ 6 Digital Agency	6 デジタル庁
☐ 7 Hometown tax donation	7 ふるさと納税
☐ 8 poverty rate	8 貧困率
☐ 9 children on day-care waiting list	9 待機児童
☐ 10 Crypto Assets	10 暗号資産
☐ 11 Trans-Pacific Partnership	11 環太平洋経済連携協定（TPP）
☐ 12 Economic Partnership Agreement	12 経済連携協定（EPA）
☐ 13 primary balance	13 基礎的財政収支
☐ 14 Whistleblower Protection Act	14 公益通報者保護法
☐ 15 Regional Comprehensive Economic Partnership	15 地域的包括的経済連携（RCEP）
☐ 16 greenhouse gas	16 温室効果ガス
☐ 17 global warming	17 地球温暖化
☐ 18 renewable energy	18 再生可能エネルギー

✓ チェックドリル

Question	Answer
☐ **19** chip crunch	19 半導体不足
☐ **20** genome editing	20 ゲノム編集
☐ **21** Artificial Intelligence	21 人工知能（AI）
☐ **22** impeachment trial	22 弾劾裁判
☐ **23** refugee	23 難民
☐ **24** Treaty on the Prohibition of Nuclear Weapons	24 核兵器禁止条約
☐ **25** Hong Kong national security law	25 香港国家安全維持法
☐ **26** one country, two systems	26 一国二制度
☐ **27** territorial dispute	27 領土問題
☐ **28** World Heritage Site	28 世界遺産
☐ **29** COVID-19	29 新型コロナウイルス感染症
☐ **30** pandemic	30 世界的大流行
☐ **31** quasi-emergency measures	31 まん延防止等重点措置
☐ **32** Conference of the Parties to the United Nations Framework Convention on Climate Change	32 国連気候変動枠組み条約締約国会議（COP）

Question	Answer
☐**33** Paris Agreement	33 パリ協定
☐**34** nuclear power plant	34 原子力発電所
☐**35** labor union	35 労働組合
☐**36** minimum wage	36 最低賃金
☐**37** death from overwork	37 過労死
☐**38** equal pay for work of equal value	38 同一労働同一賃金
☐**39** referendum	39 国民投票
☐**40** legal age of adulthood	40 成人年齢
☐**41** Juvenile Law	41 少年法
☐**42** reckless driving	42 あおり運転
☐**43** heatstroke	43 熱中症
☐**44** induced Pluripotent Stem cell	44 iPS細胞
☐**45** birth rate	45 出生率
☐**46** parentalleave	46 育児休暇
☐**47** fertility treatment	47 不妊治療

一般常識／英語

英熟語

キーワード

●覚えておきたい英熟語

gaze at 〜 / make the most of 〜 / refer to 〜 / in spite of 〜 / be put on display / be filled with 〜 / refrain from 〜 / work on 〜 / stand for 〜 / remove A from B / pass out 〜 / bring about 〜 / look up to 〜 / do 〜 a favor / be familiar with 〜 / be supposed to 〜 / have nothing to do with 〜 / as well as 〜 / consist of A and B / be expected to 〜 / go along with 〜 / remember to 〜 / be happy to 〜 / in order to 〜 / be likely to 〜 / turn in A / put up with 〜 / be about to 〜 / be concerned about A

✓ チェックドリル

Question

◆次の日本語の意味を表す英熟語を答えなさい。

☐**1** 〜をじっと見る

☐**2** 〜を最大限に活用する

☐**3** 〜を参照する

☐**4** 〜にもかかわらず

☐**5** 展示されている

☐**6** 〜でいっぱいだ

☐**7** 〜を控える

Answer

1　gaze at 〜

2　make the most of 〜

3　refer to 〜

4　in spite of 〜

5　be put on display

6　be filled with 〜

7　refrain from 〜

Question	Answer
☐**8** 〜に取り組む	8 work on 〜
☐**9** 〜を表す	9 stand for 〜
☐**10** BからAを取り除く	10 remove A from B
☐**11** 〜を配る	11 pass out 〜
☐**12** 〜を引き起こす	12 bring about 〜
☐**13** 〜を尊敬する	13 look up to 〜
☐**14** 〜に手を貸す	14 do 〜 a favor
☐**15** 〜に精通している	15 be familiar with 〜
☐**16** 〜することになっている	16 be supposed to 〜
☐**17** 〜と関係がない	17 have nothing to do with 〜
☐**18** 〜に加えて	18 as well as 〜
☐**19** AとBで構成される	19 consist of A and B
☐**20** 〜することを期待される	20 be expected to 〜
☐**21** 〜に賛成する	21 go along with 〜
☐**22** 忘れずに〜する	22 remember to 〜
☐**23** 喜んで〜する	23 be happy to 〜

✓ チェックドリル

Question	Answer
□**24** 〜するために	24 in order to 〜
□**25** 〜しそうだ	25 be likely to 〜
□**26** Aを提出する	26 turn in A
□**27** 〜を我慢する	27 put up with 〜
□**28** まさに〜するところだ	28 be about to 〜
□**29** Aを心配する	29 be concerned about A
□**30** Aに異動する	30 be transferred to A
□**31** 渋滞している	31 be backed up
□**32** あらかじめ	32 in advance
□**33** きっと〜する	33 be sure to 〜
□**34** 〜を思いつく	34 come up with 〜
□**35** 〜の調子が悪い	35 be wrong with 〜
□**36** 〜を念頭に置く	36 keep in mind that 〜
□**37** 交代で	37 by turns
□**38** Aに満足する	38 be pleased with A
□**39** それと反対に	39 to the contrary

Question	Answer
40 〜し続ける	40 keep on 〜ing
41 まだ〜していない	41 have yet to 〜
42 〜しがちである	42 be liable to 〜
43 〜次第	43 depend on 〜
44 〜に頼る	44 rely on 〜
45 向き合って座る	45 sit opposite
46 Aが〜することを制限する	46 restrict A from 〜ing
47 BがAにとって代わる	47 replace A by B
48 AにBを知らせる	48 notify A of B
49 〜する資格がある	49 be eligible to 〜
50 まるで〜であるかのように	50 as if 〜
51 〜の資格がある	51 qualify for 〜
52 〜を成し遂げる	52 go through with 〜
53 AをBに分ける	53 divide A into B
54 〜に対応する	54 attend to 〜
55 〜にうんざりする	55 be tired of 〜

一般常識／英語

英文略語

キーワード

●覚えておきたい英文略語

WHO=World Health Organization / TOPIX=Tokyo Stock Price Index / IR=Integrated Resort / IPCC=Intergovernmental Panel on Climate Change / GDP=Gross Domestic Product / OECD=Organization for Economic Co-operation and Development / GPS=Global Positioning System / EEZ=Exclusive Economic Zone / ETC=Electronic Toll Collection System / NASA=National Aeronautics and Space Administration / JAXA=Japan Aerospace Exploration Agency / WTO=World Trade Organization / SDGs=Sustainable Development Goals / MVNO=Mobile Virtual Network Operator / NPT=Nuclear Nonproliferation Treaty / TOB=Takeover Bid / CEO=Chief Executive Officer / IMF=International Monetary Fund / FRB=Federal Reserve Board

✓ チェックドリル

Question	Answer
◆次の英文略語を日本語に直しなさい。	
☐ 1 WHO（World Health Organization）	1 世界保健機関
☐ 2 TOPIX（Tokyo Stock Price Index）	2 東証株価指数
☐ 3 IR（Integrated Resort）	3 統合型リゾート
☐ 4 IPCC（Intergovernmental Panel on Climate Change）	4 気候変動に関する政府間パネル
☐ 5 GDP（Gross Domestic Product）	5 国内総生産

Question	Answer
☐**6** OECD（Organization for Economic Co-operation and Development）	6 経済協力開発機構
☐**7** GPS（Global Positioning System）	7 全地球測位システム
☐**8** EEZ（Exclusive Economic Zone）	8 排他的経済水域
☐**9** ETC（Electronic Toll Collection System）	9 自動料金収受システム
☐**10** NASA（National Aeronautics and Space Administration）	10 米航空宇宙局
☐**11** JAXA（Japan Aerospace Exploration Agency）	11 宇宙航空研究開発機構
☐**12** WTO（World Trade Organization）	12 世界貿易機関
☐**13** SDGs（Sustainable Development Goals）	13 持続可能な開発目標
☐**14** MVNO（Mobile Virtual Network Operator）	14 仮想移動体通信事業者
☐**15** NPT（Nuclear Nonproliferation Treaty）	15 核不拡散条約
☐**16** TOB（Takeover Bid）	16 株式公開買い付け
☐**17** CEO（Chief Executive Officer）	17 最高経営責任者
☐**18** IMF（International Monetary Fund）	18 国際通貨基金

英語

一般常識／英語

ことわざ・慣用句

キーワード

●覚えておきたいことわざ・慣用句
Easy come, easy go. / Bad money drives out good. / A rolling stone gathers no moss. / A little learning is a dangerous thing. / Persistence pays off. / There is no accounting for tastes. / Do in Rome as the Romans do. / After a storm comes a calm. / Birds of a feather flock together. / Too many cooks spoil the broth. / Bad luck often brings good luck. / Every man has his faults. / The darkest place is under the candlestick. / No pain, no gain. / Four eyes see more than two. / Penny wise and pound foolish.

チェックドリル

Question

◆次のことわざ・慣用句の日本語訳を答えなさい。

- □ 1 Easy come, easy go.
- □ 2 Bad money drives out good.
- □ 3 A rolling stone gathers no moss.
- □ 4 A little learning is a dangerous thing.
- □ 5 Persistence pays off.
- □ 6 There is no accounting for tastes.
- □ 7 Do in Rome as the Romans do.

Answer

1 悪銭身につかず

2 悪貨は良貨を駆逐する

3 転石苔を生ぜず

4 生兵法は大けがのもと

5 継続は力なり

6 蓼食う虫も好きずき

7 郷に入っては郷に従え

Question	Answer
8 After a storm comes a calm.	8 雨降って地固まる
9 Birds of a feather flock together.	9 類は友を呼ぶ
10 Too many cooks spoil the broth.	10 船頭多くして船山に上る
11 Bad luck often brings good luck.	11 災い転じて福となす
12 Every man has his faults.	12 なくて七癖
13 The darkest place is under the candlestick.	13 灯台もと暗し

◆次の英文のことわざ・慣用句が日本語に示す意味になるように（　）を補いなさい。

1 No (　), no gain.
　苦労なくして得るものなし

1 pain

2 Four (　) see more than two.
　三人寄れば文殊の知恵

2 eyes

3 The law is not the same at (　) and at night.
　朝令暮改

3 morning

4 Penny (　) and pound foolish.
　安物買いの銭失い

4 wise

5 He who would climb the ladder must begin at the (　).
　千里の道も一歩から

5 bottom

✓ チェックドリル

Question	Answer
6 Time flies like an ( ). 光陰矢のごとし	6　arrow
7 The ( ) bird catches the worm. 早起きは三文の徳	7　early
8 What happens twice will happen ( ). 二度あることは三度ある	8　thrice
9 A good medicine tastes ( ). 良薬は口に苦し	9　bitter
10 Third ( ) lucky. 三度目の正直	10　time
11 ( ) makes perfect. 習うより慣れよ	11　Practice
12 Easier said than ( ). 言うは易く行うは難し	12　done
13 Even a ( ) will turn. 一寸の虫にも五分の魂	13　worm
14 Out of the mouth comes ( ). 口は災いのもと	14　evil
15 Don't teach ( ) to swim. 釈迦に説法	15　fishes

文法

キーワード

●覚えておきたい構文・用法
too ~ to ~ / so ~ that ~ / ~ enough to ~ / such ~ that ~ / little ~ / ought to ~ / had better ~ / advise ~ to ~ / more ~ than ~ / should have ~ / suggest ~ing / close to ~ / If it were not for ~ / Would you mind ~ ? / used to ~

●覚えておきたい仮定法の形
If I were ~, 過去形⇒実際にはあり得ない仮定をして、現在の事実に反することを表す。
I wish ＋過去形⇒現在の事実に反すること、
　　　　＋過去完了形⇒過去の事実に反することを表す。

✓ チェックドリル

Question	Answer
◆次の英文の下線部の間違いを正しなさい。	
1　I was too tired <u>for</u> drive.	1　to
2　The question is <u>much</u> difficult that I can not solve.	2　so
3　She is bright <u>but</u> not to do so.	3　enough
4　It was such a fine day <u>though</u> we had a picnic.	4　that
5　He spent what <u>few</u> money he had to buy a new car.	5　little
6　It ought to <u>being</u> true.	6　be

203

✓ チェックドリル

Question	Answer
☐**7** You had better <u>practiced</u> it.	7 practice
☐**8** A desk is <u>next</u> the chair and the door.	8 between
☐**9** He is <u>more tall</u> than his brother.	9 taller
☐**10** I <u>did</u> have gone to the dentist yesterday.	10 should
☐**11** If I had worked yesterday, I <u>have</u> finished it.	11 would have
☐**12** She suggested <u>to go</u> to the theater.	12 going
☐**13** This is the room <u>what</u> he lived.	13 where
☐**14** He removes items <u>to</u> a car.	14 from
☐**15** A picture has been hung <u>at</u> the wall.	15 on
☐**16** If I <u>am</u> you, I wouldn't do that.	16 were
☐**17** If it were not <u>with</u> the sun, nothing could live.	17 for
☐**18** Would you <u>minded</u> if I smoke?	18 mind
☐**19** I wish I <u>can</u> meet you next week.	19 could
☐**20** A group of people is getting <u>to</u> a bus.	20 on
☐**21** I <u>research</u> for a new camera.	21 look

数学・理科

数学 ……… 206
物理 ……… 214
化学 ……… 217
生物 ……… 219
地学 ……… 221

一般常識／数学・理科

数学

キーワード

・因数分解
$a^2 + 2ab + b^2 = (a+b)^2$
$a^2 - 2ab + b^2 = (a-b)^2$
$a^2 - b^2 = (a+b)(a-b)$
$x^2 + (a+b)x + ab = (x+a)(x+b)$

・順列
$_nP_r = n(n-1)(n-2)\cdots(n-r+1) = \dfrac{n!}{(n-r)!}$

・組み合わせ
$_nC_r = \dfrac{_nP_r}{r!} = \dfrac{n!}{r!(n-r)!}$

・確率
$P(A) = \dfrac{事象Aの起こる場合の数}{起こり得るすべての場合の数}$

・扇形の弧の長さと面積
半径r、中心角$a°$の扇形の弧の長さをl、面積をSとすると
$l = 2\pi r \times \dfrac{a}{360}$　　$S = \pi r^2 \times \dfrac{a}{360}$

☑ チェックドリル

Question

①次の計算をしなさい。
☐ **1** $-11 \times (-7) + 44$

☐ **2** $-9 \times 4 \div (-2)$

②次の式を展開しなさい。
☐ **1** $(3x+7)(3x-7)$

Answer

1　121

2　18

1　$9x^2 - 49$

Question

☐**2** $(x+3y)(x-y)$

③次の式を因数分解しなさい。
☐**1** $x^2-10x+21$

☐**2** $(x-y)^2-z^2$

④次の連立方程式を解きなさい。
☐**1** $\begin{cases} 2x-y=1 \\ 3x+y=9 \end{cases}$

⑤次の2次方程式を解きなさい（解説はP.210）。
☐**1** $x^2-3x+2=0$

☐**2** $6x^2-12x-18=0$

⑥次の問いに答えなさい（解説はP.210〜213）。
☐**1** 次の関数の最大値・最小値があれば求めなさい。
$y=2x-1 \quad (0<x\leq 2)$

☐**2** 次の関数のグラフをx軸方向に1、y軸方向に2、平行移動したときのグラフを表す関数を求めなさい。
$y=x^2+1$

☐**3** 次の関数の最大値・最小値を求めなさい。
$y=-x^2+2 \quad (0\leq x\leq 2)$

Answer

2 $x^2+2xy-3y^2$

1 $(x-3)(x-7)$

2 $(x-y+z)(x-y-z)$

1 $x=2$、$y=3$

1 $x=1$、2

2 $x=-1$、3

1 最大値3($x=2$)
最小値なし

2 $y=(x-1)^2+3$

3 最大値2($x=0$)
最小値-2($x=2$)

✓ チェックドリル

Question	Answer
4 次の不等式を解きなさい。 $x^2 - 3x + 2 > 0$	4 $x<1$、$x>2$
5 20人の会員の中から3人の役員を選ぶとき、その選び方は何通りあるか。	5 1140通り
6 両親と4人の子どもが円形のテーブルに着くとき、両親が隣り合わせに着席する方法は何通りあるか。	6 48通り
7 0から3までの4枚のカードから3枚を抜き出して並べるとき、3けたの数字にならない確率を求めなさい。	7 1／4
8 青玉3個、黄玉4個を袋に入れる。この袋から3個の玉を同時に取り出すとき、取り出した玉が3個とも黄玉である確率を求めなさい。	8 4／35
9 全体で30人のうち、サッカーをする人は20人、野球をする人は15人、両方する人は10人のとき、両方しない人は何人か。	9 5人
10 50人の国語と英語のテストの結果が、70点以上は国語23人、英語17人、両科目とも70点未満は25人のとき、両科目とも70点以上は何人か。	10 15人
11 10％の食塩水が300gある。ここに水を100g加えると何％の食塩水になるか。	11 7.5％

Question	Answer
12 ある品物に原価の3割増の定価をつけて100個を売ったところ、15万円の粗利を得た。この品物の定価を求めなさい。	12 6500円
13 3時から4時の間で、時計の長針と短針が重なる時刻を求めなさい。	13 3時16 4／11分
14 ある工事を仕上げるのに弟は6時間、兄は4時間かかる。2人で一緒に仕事をすると、何時間で仕上げられるか。	14 2時間24分
15 Aは時速2.7km、Bは時速3.9kmの速さで、1周990mの池の周りを同じ地点から反対方向に歩いた。AとBは何分後に出会うか。	15 9分後
16 次の空欄にあてはまる数を求めなさい。0、2、6、□、20、30、……	16 12
17 半径が12cm、弧の長さが3πcmの扇形の中心角を求めなさい。	17 45°
18 底面の半径が10cm、高さが15cmの円すいの体積を求めなさい。	18 500πcm³
19 A、B二つの直方体の相似比が2：3で、Aの表面積が80cm²のとき、Bの表面積を求めなさい。	19 180cm²
20 2進法で表した11010を10進法で表すといくつになるか。	20 26

209

解説

①～④の解説は省略

⑤
1 $x^2 - 3x + 2 = 0$
かけて2、足して-3なので
$(x-1)(x-2) = 0$
∴ $x = 1$、2

2 $6x^2 - 12x - 18 = 0$
共通項6でくくって因数分解をすると
$6(x+1)(x-3) = 0$
∴ $x = -1$、3

⑥
1 $y = 2x - 1$ （0＜x≦2）　この式を図示すると

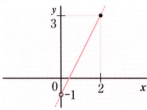

0＜x≦2の範囲での、最大値は$x = 2$のとき3、最小値はなし

2 $y = x^2 + 1$ ……(1)
(1)はy軸との交点は(0, 1)
この関数をx軸方向に1、y軸方向に2、平行移動すると
交点は(1, 3)。よって平行移動後の関数は、$y = (x-1)^2 + 3$

3 関数 $y = -x^2 + 2$ を図示すると

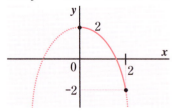

上図において0≦x≦2の範囲で、最大値は2($x = 0$)、最小値は-2($x = 2$)

4 $x^2-3x+2>0$

$(x-2)(x-1)>0$

上式より、$x<1$、$x>2$

5 20人の会員から3人の役員を選ぶ組み合わせは、nからrを選ぶ組み合わせの公式

$_nC_r = {_nP_r} / r!$ より、$n=20$、$r=3$なので

$_{20}C_3 = {_{20}P_3} / 3! = 20 \cdot 19 \cdot 18 / 3 \cdot 2 \cdot 1 = 6840 / 6 = 1140$（通り）

6 円形テーブルに子ども4人が席に着き、両親が隣り合わせに着席する。父母をセットにして5人で円順列をつくるとすると、

$n=5$　$(n-1)! = 4!$（通り）

その各々について父母の座席を入れ替える方法は$2!$通り

よって、$4! \times 2! = 4 \cdot 3 \cdot 2 \cdot 1 \times 2 \cdot 1 = 24 \times 2 = 48$（通り）

7 0から3までの4枚のカードから3枚を抜き出す場合の数は、

$_4P_3 = 4 \cdot 3 \cdot 2 = 24$（通り）

このうち、3けたの数字にならないのは、最初に0を引いたときで、

(0, 1, 2)、(0, 1, 3)、(0, 2, 1)、(0, 2, 3)、(0, 3, 1)、(0, 3, 2)の6通り

よって、求める確率は、$6/24 = 1/4$

8 青玉3個、黄玉4個だから、3個を同時に取り出し、3個とも黄玉である確率は、$4/7 \times 3/6 \times 2/5 = 24/210 = 4/35$

9 全体で30人

サッカーをする人は20人、野球をする人は15人、両方する人は10人、野球かサッカーのどちらか一方をする人は$(20+15)-10=25$（人）

よって、両方しない人は、$30-25=5$（人）

解説

10 全体で50人
70点以上　　国語　23人　　英語　17人
70点未満　　両科目とも　25人
両科目とも　70点以上は
国語・英語　70点以上　23 + 17 = 40（人）
どちらか一方が70点以上は、50 - 25 = 25（人）
したがって40 - 25 = 15（人）

11 濃度算の問題
10%の食塩水300 g 中に食塩は300×0.1 = 30 g ある。
これに水100 g を加えたときの食塩水の濃度は次の式で求められる。
　　30 g ÷（300 g + 100 g）×100 = 30 g ÷ 400 g × 100 = 7.5%

12 損益算の問題
ある品物に原価の3割増の定価をつけ、100個を売ったところ15万円の粗利を得た。この品物の定価は、定価を x、原価を a とすると、
　　$x = 1.3a$　　$0.3a × 100 = 150000$ 円　　$a = 5000$ 円
　　$x = 1.3 × 5000$ 円 = 6500 円

13 時計算の問題
短針は0.5°／分、長針は6°／分進む。3時から4時までの間に長針と短針が重なる時間を x 分とすると、短針は3時からスタートなので90°加える。
　　$0.5 × x + 90 = 6 × x$　　$0.5x + 90 = 6x$　　$5.5x = 90$
　　$x = 180 ／ 11 = 16 \ 4／11$（分）　　∴ 3時16 4／11分

14 仕事算の問題
ある工事全体の仕事量をAとすると、
兄はA／4（時間）、弟はA／6（時間）となる。
2人で一緒に仕事をすると、かかる時間は、
　　A ÷（A／4 + A／6）= A ÷（(3A + 2A)／12）= A ÷ 5A／12
　　= 2.4時間 = 2時間24分

15 出会い算の問題

A は45m／分、B は65m／分、A と B との距離は990m。
よって、求める時間は「距離÷速さ＝時間」より
990m ÷ (45m + 65m) = 990m ÷ 110m = 9(分)

16 0、2、6、□、20、30、……
2 − 0 = 2　6 − 2 = 4　30 − 20 = 10
□ = 12 とすると、
□ − 6 = 6　20 − □ = 8　となり、
二つの数の差が　$n + 2$ となるので、□ = 12 は正しい。

17 半径12cmの円周の長さ L は $2\pi r$
よって、$L = 2\pi \times 12 = 24\pi$
弧の長さ 3π (cm) の扇形の中心角 a は、$3\pi = 24\pi \times a / 360$
∴ $a = 45°$

18 円すいの体積を V とすると、$V = 1/3 Sh$ (S は底面積、h は高さ)
$S = \pi r^2 = \pi \times 10 \times 10 = 100\pi$ ㎠　$h = 15$ cm
∴ $V = 1/3 \times 100\pi \times 15 = 500\pi$ ㎤

19 A、B 二つの直方体があり、2：3の相似比で、A の表面積が80㎠なので、面積の相似比は $2^2 : 3^2 = 4 : 9$ となり
B の面積 = A の面積 × 9／4 = 80㎠ × 2.25 = 180㎠

20 2進法では、5けたが 2^4、4けたが 2^3、3けたが 2^2、2けたが 2^1、1けたが 2^0 で表されるので、11010は次のようになる。
$2^4 \times 1 + 2^3 \times 1 + 2^2 \times 0 + 2^1 \times 1 + 2^0 \times 0 = 16 + 8 + 0 + 2 + 0 = 26$
よって、10進法では26になる。

一般常識／数学・理科

物理

キーワード

●覚えておきたい単位：電流＝アンペア（A）／電圧＝ボルト（V）／抵抗＝オーム（Ω）／熱量・仕事・エネルギー＝ジュール（J）／電力＝ワット（W）／照度＝ルクス（lx）／圧力＝パスカル（Pa）／気圧＝ヘクトパスカル（hPa）／力＝ニュートン（N）／質量＝グラム（g）／長さ＝メートル（m）、オングストローム（Å）／音速＝マッハ（Ma）／周波数＝ヘルツ（Hz）
●覚えておきたい法則：万有引力の法則／慣性の法則／作用反作用の法則／フレミングの法則／エネルギー保存の法則

チェックドリル

Question	Answer
◆次に示す法則を何と呼ぶか答えなさい。	
1 列車や自動車の音が、近づくとき高くなり、遠ざかるとき低くなる。	1 ドップラー効果
2 二つの物体が引き合う力は、質量の積に比例し、距離の2乗に反比例する。	2 万有引力の法則
3 どのような種類のエネルギーに変わっても、エネルギーの総量は増減せず、一定不変である。	3 エネルギー保存の法則
4 静止している物体は力が加わらないかぎり静止し続け、運動している物体は力が加わらないかぎり運動状態を維持する。	4 慣性の法則

Question

◆次の問いに答えなさい（解説は P.216）。

□**1** 下図のシーソーにＡ・Ｂ２人の子どもが乗っている。体重はそれぞれＡが15kg、Ｂが18kgである。Ｂから支点までの距離が１mで釣り合うとき、Ａから支点までの距離 x を求めなさい。

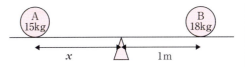

□**2** 一直線の線路を時速72kmの速さで走る電車がブレーキをかけ、一定の割合で減速して100m先で停車した。ブレーキをかけてから停車するまでの時間を求めなさい。

□**3** 次の回路を流れる電流は何アンペアか。

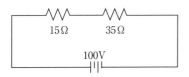

□**4** 下図の滑車が釣り合っているとき、おもりの重さ x を求めなさい。

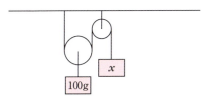

Answer

1　1.2m

2　10秒

3　2アンペア

4　50ｇ

解説

1

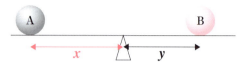

A × x = B × y
A = 15kg　B = 18kg　y = 1m
よって　$x = 18 \times 1 \div 15 = 1.2$m

2 時速72km = 72000m ÷ 3600秒 = 秒速20mである。
ブレーキをかけてから一定の割合で減速し、x秒後に秒速0mになるとすると、速さと時間の関係は次の図のようになる。このとき、電車が停止するまでに進んだ距離は、図の三角形の面積と等しくなる。この面積が100(m)なので、次の計算で時間xが求められる。

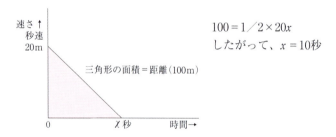

$100 = 1/2 \times 20x$
したがって、$x = 10$秒

3　A = V／Ω
　　直列抵抗の和RはR = R_1 + R_2 + ……
　　よって、R = 15Ω + 35Ω = 50Ω
　　　　　A = 100V ÷ 50Ω = 2(A)

4

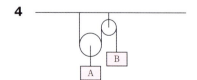

おもりをA、Bとすると
B = A×1／2　A = 100g
∴ B = 100／2 = 50g

一般常識／数学・理科

化学

キーワード

●覚えておきたい化合物
水：H_2O／二酸化炭素：CO_2／炭酸カルシウム：$CaCO_3$／塩化水素（塩酸）：HCl／塩化ナトリウム：$NaCl$／アンモニア：NH_3／メチルアルコール（メタノール）：CH_3OH／エチルアルコール（エタノール）：C_2H_5OH／塩化亜鉛：$ZnCl_2$／塩化マグネシウム：$MgCl_2$／過酸化水素：H_2O_2／一酸化炭素：CO／一酸化窒素：NO／硝酸：HNO_3／炭酸ナトリウム：Na_2CO_3／炭酸水素ナトリウム：$NaHCO_3$

●覚えておきたい化学の基礎知識
元素／原子／分子／単体／共有結合／同位体／質量保存の法則／定比例の法則／酸化熱／中和熱／吸熱反応／電気分解

☑ チェックドリル

Question

◆次の物質の元素記号を答えなさい。

☐ **1** 鉄

☐ **2** 銅

☐ **3** 銀

☐ **4** 金

☐ **5** 亜鉛

☐ **6** ヘリウム

☐ **7** 酸素

Answer

1　Fe

2　Cu

3　Ag

4　Au

5　Zn

6　He

7　O

☑ チェックドリル

Question	Answer
◆次の問いに答えなさい。	
☐**1** 市販の使い捨てカイロなどに利用されており、鉄粉が空気に触れることで発生するのは何か。	1 酸化熱
☐**2** 同濃度、同量の塩酸と水酸化ナトリウム水溶液を混ぜると液体の温度が上昇するが、これを何というか。	2 中和熱
☐**3** 原子同士が電子を共有することによって起こる、最も結合力の強い化学結合を何というか。	3 共有結合
☐**4** 原子番号と陽子の数は同じだが、中性子の数が異なる原子を何というか。	4 同位体
☐**5** 水酸化ナトリウム（NaOH）と塩酸（HCl）が化学反応すると、水（H_2O）と何になるか。	5 塩化ナトリウム（NaCl）
☐**6** 次の化学式を完成させなさい。 $CaCO_3 + 2HCl \rightarrow CaCl_2 +$（　　　）	6 $H_2O + CO_2$
☐**7** 菓子づくりなどで、生地をふっくらと焼き上げるために混ぜる物質は何か。	7 炭酸水素ナトリウム（重曹、$NaHCO_3$）
☐**8** 燃料電池の燃料となる物質は何か。	8 水素（H）
☐**9** アンモニアの分子モデルを書きなさい。	9 H–N(–H)(–H)

一般常識／数学・理科

生物

キーワード

●覚えておきたい生物の基礎知識
顕性（優性）の法則／道管／パブロフ／条件反射／ヒトゲノム／DNA（糖／リン酸／塩基）／減数分裂／ミトコンドリア／テロメア／消化酵素（アミラーゼ／ペプシン／リパーゼ）／塩基［アデニン（A）／チミン（T）／グアニン（G）／シトシン（C）／ウラシル（U）］／インスリン／ウイルス／白血球／リンパ球／ヘモグロビン／ダーウィン／進化論／クローン技術／光合成／代謝／染色体／ランゲルハンス島／メンデルの法則

✓ チェックドリル

Question

◆次の問いに答えなさい。

☐**1** エンドウ豆の交雑実験から導き出され、遺伝子研究の先駆けとなった法則は何か。

☐**2** 被子植物で、根から水分などを吸い上げる機能を持つ管を何というか。

☐**3** 植物が日光を浴びることで、空気中の二酸化炭素と根から吸収した水から糖と酸素を生成する働きを何というか。

☐**4** 糖、リン酸、塩基から構成され、遺伝情報を担っている細胞内の物質は何か。

☐**5** 違う形質を持つ純系同士をかけ合わせたとき、子に親のいずれか一方と同じ形質が現れることを何というか。

Answer

1 メンデルの法則

2 道管

3 光合成

4 DNA

5 顕性（優性）の法則

✓ チェックドリル

Question	Answer
6 炭水化物やたんぱく質、脂肪などを消化するときに使われるアミラーゼやペプシン、リパーゼなどを総称して何というか。	6 消化酵素
7 国際自然保護連合（IUCN）が発表する、絶滅の恐れがある動植物などを記載した一覧を何というか。	7 レッドリスト
8 感染症の原因の一つとなり、細胞を持たず他の生物の細胞を利用して増殖する構造体は何か。	8 ウイルス
9 生殖細胞ができるとき、染色体がもとの細胞の半分になる分裂を何というか。	9 減数分裂
10 血液に含まれる細胞成分の一つで、体内に侵入した異物を排除する働きを持ち、免疫機能を担うものは何か。	10 白血球
11 酸素と結合し、血流によって体内の各組織に酸素を運ぶ働きをする物質は何か。	11 ヘモグロビン
12 1859年に「種の起源」を発表し、進化論を唱えたのは誰か。	12 ダーウィン
13 ある個体と同一の遺伝情報を持つ個体を作る技術を何というか。	13 クローン技術
14 体外から取り入れた物質から他の物質を合成したり、エネルギーを生成したりする生体内の化学反応を何というか。	14 代謝

一般常識／数学・理科

地学

キーワード

●覚えておきたい地学の基礎知識
ケプラーの法則／ハッブルの法則／コペルニクス／天文単位（AU）／フェーン現象／ビッグバン／ブラックホール／ジャイアント・インパクト説／隕石／地質時代（先カンブリア時代／カンブリア紀／ジュラ紀／白亜紀／新生代）／大気圏（対流圏／成層圏／中間圏／熱圏）／トラフ／海溝／P波、S波／マグニチュード／カンブリア爆発／造山運動／マントル対流／カルデラ／地磁気／エルニーニョ／ラニーニャ／偏西風／貿易風／コリオリの力／潜熱（凝結熱）／アメダス／ダウンバースト

✓ チェックドリル

Question	Answer
◆次の問いに答えなさい。	
□**1** 惑星は太陽を焦点とする楕円軌道上を動くという法則を、発見者にちなんで何というか。	1 ケプラーの法則
□**2** 初めて地動説を唱えたのは誰か。	2 コペルニクス
□**3** 天文単位1AU＝約1億5千万kmは太陽とどの惑星との距離を基準にしているか。	3 地球
□**4** 重力が強すぎるために光ものみ込んでしまい、黒い影として見えるといわれる天体を何というか。	4 ブラックホール
□**5** 日本の冬に特徴的な気圧配置を何というか。	5 西高東低

✓ チェックドリル

Question	Answer
6 台風の維持や発達のためのエネルギー源となる、上昇気流で水蒸気が凝結するときに放出される熱を何というか。	6 潜熱（凝結熱）
7 気象庁の地域気象観測システムを何というか。	7 アメダス
8 地球の大気圏は4層から成っているが、その四つとは、遠くから順に、熱圏、中間圏、成層圏と、あと一つは何か。	8 対流圏
9 風が山を越えて吹き降りてくるとき、高温になって乾燥する現象を何というか。	9 フェーン現象
10 日本周辺では四つのプレートが互いにぶつかり合っているが、その四つとは太平洋プレート、ユーラシアプレート、フィリピン海プレートと、あと一つは何か。	10 北米プレート
11 地震のエネルギーの大きさを表す単位のマグニチュードについて、マグニチュード6はマグニチュード5の何倍のエネルギーになるか。	11 約32倍
12 地震が起きると、揺れは第一波・第二波となって伝わるが、P波と何波か。	12 S波
13 国際地質科学連合は2020年1月に約77万4千〜12万9千年前の地質時代を何と命名したか。	13 チバニアン

文化・スポーツ

文学史 ……… 224
美術 ……… 228
音楽 ……… 230
映画 ……… 232
サッカー・野球 ……… 234
オリンピック ……… 236
スポーツ全般 ……… 238

一般常識／文化・スポーツ

文学史

キーワード

●覚えておきたい文学の潮流と関連の作家
写実主義＝坪内逍遥、二葉亭四迷／**紅露時代**＝尾崎紅葉、幸田露伴／**浪漫主義**＝森鷗外、北村透谷、樋口一葉、泉鏡花／**自然主義**＝島崎藤村、田山花袋、徳田秋声、正宗白鳥／**アララギ**＝伊藤左千夫、長塚節／**耽美主義**＝谷崎潤一郎、永井荷風／**白樺派**＝武者小路実篤、有島武郎、志賀直哉／**新思潮派**＝芥川龍之介、菊池寛／**新感覚派**＝横光利一、川端康成／**プロレタリア文学**＝小林多喜二、宮本百合子／**無頼派**＝坂口安吾、太宰治／**第三の新人**＝吉行淳之介、安岡章太郎
●代表的な文学作品と作者
日本文学：芥川龍之介「羅生門」／夏目漱石「三四郎」／三島由紀夫「仮面の告白」／太宰治「人間失格」／森鷗外「舞姫」／松尾芭蕉「野ざらし紀行」／志賀直哉「城の崎にて」／与謝野晶子「みだれ髪」／石川啄木「一握の砂」 **外国文学**：ビクトル・ユゴー「レ・ミゼラブル」／フョードル・ドストエフスキー「カラマーゾフの兄弟」／ヘルマン・ヘッセ「車輪の下」／アントワーヌ・ド・サン＝テグジュペリ「星の王子さま」／マーク・トウェイン「王子と乞食」／カズオ・イシグロ「日の名残り」

✓ チェックドリル

Question

☐ **1** 19世紀末のフランスで起こった、詩人マラルメらを中心とした反写実主義的な文学の運動を何というか。

☐ **2** 社会主義、共産主義と結びついて大正時代末期から昭和時代初期にかけて起こり、厳しい弾圧を受けた文学の一流派を何というか。

Answer

1 象徴主義

2 プロレタリア文学

Question

☐**3** 大正時代末期から昭和時代初期にかけて起こり、川端康成、横光利一などを代表に、伝統的な私小説リアリズムを批判し、言語表現の独立性を強調した文学の一流派を何というか。

☐**4** 武者小路実篤らに代表され、自由主義の空気を背景に、人間の生命を高らかに謳い、理想主義・人道主義的な作品を著した大正時代の文学の一流派を何というか。

◆次の日本文学作品の作者名を答えなさい。
☐**1**「羅生門」「河童」

☐**2**「三四郎」「門」

☐**3**「仮面の告白」「潮騒」

☐**4**「伊豆の踊子」「雪国」

☐**5**「一握の砂」「悲しき玩具」

☐**6**「人間失格」「斜陽」

☐**7**「舞姫」「高瀬舟」

☐**8**「おくのほそ道」「野ざらし紀行」

☐**9**「風立ちぬ」

Answer

3 新感覚派

4 白樺派

1 芥川龍之介

2 夏目漱石

3 三島由紀夫

4 川端康成

5 石川啄木

6 太宰治

7 森鷗外

8 松尾芭蕉

9 堀辰雄

☑ チェックドリル

Question	Answer
☐**10**「若菜集」「夜明け前」	10 島崎藤村
☐**11**「みだれ髪」	11 与謝野晶子

◆次の日本文学に関する問いに答えなさい。

☐**1**「銀河鉄道の夜」などの童話や「春と修羅」などの詩集で知られ、農業指導にも携わった作家は誰か。

1 宮沢賢治

☐**2** 日清戦争では記者として従軍し、帰国後に闘病生活を送りながらも短歌の革新や写生文を提唱したのは誰か。

2 正岡子規

☐**3**「蟹工船」を著し、プロレタリア文学の旗手といわれたのは誰か。

3 小林多喜二

☐**4**「曽根崎心中」などで知られる江戸時代の人形浄瑠璃や歌舞伎の作者は誰か。

4 近松門左衛門

☐**5** 日本最初の歌集「万葉集」の成立は何時代か。

5 奈良時代

☐**6** 武者小路実篤らと「白樺」を創刊し、簡潔な文体で自身の心を凝視したリアリズム文学を確立したのは誰か。

6 志賀直哉

◆次の外国文学作品の作者名を答えなさい。

☐**1**「空騒ぎ」「ハムレット」

1 ウィリアム・シェークスピア

☐**2**「カラマーゾフの兄弟」「罪と罰」

2 フョードル・ドストエフスキー

Question	Answer
□**3**「星の王子さま」「夜間飛行」	3 アントワーヌ・ド・サン=テグジュペリ
□**4**「ライ麦畑でつかまえて」「フラニーとゾーイー」	4 J.D.サリンジャー
□**5**「日はまた昇る」「老人と海」	5 アーネスト・ヘミングウェイ
□**6**「高慢と偏見」「エマ」	6 ジェーン・オースティン
□**7**「異邦人」「ペスト」	7 アルベール・カミュ
□**8**「レ・ミゼラブル」「ノートルダム・ド・パリ」	8 ビクトル・ユゴー

◆次の外国文学に関する問いに答えなさい。

□**1** 目を覚ますと虫になっていたある男の物語「変身」を著し、不条理文学の代表格とされるチェコの作家は誰か。 — 1 フランツ・カフカ

□**2**「わたしを離さないで」や「日の名残り」などの作品があり、2017年のノーベル文学賞を受賞した長崎市出身の英国の小説家は誰か。 — 2 カズオ・イシグロ

□**3**「戦争と平和」「アンナ・カレーニナ」などを書いたロシアの作家は誰か。 — 3 レフ・トルストイ

□**4** フランスの作家マルセル・プルーストが生涯をかけて書いた未完の長編小説は何か。 — 4 失われた時を求めて

一般常識／文化・スポーツ

美術

キーワード

- ●ルネサンス期：レオナルド・ダビンチ／ミケランジェロ・ブオナローティ／ラファエロ・サンティ　●マニエリスム期：エル・グレコ　●バロック期：ディエゴ・ベラスケス／レンブラント／ヨハネス・フェルメール　●新古典主義：ジャックルイ・ダビッド／ドミニク・アングル　●ロマン主義：ウジェーヌ・ドラクロワ　●写実主義：ジャンフランソワ・ミレー　●印象派：クロード・モネ／ピエールオーギュスト・ルノワール／ポール・セザンヌ／フィンセント・ファン・ゴッホ　●キュビズム：パブロ・ピカソ／ジョルジュ・ブラック　●シュールレアリスム：サルバドール・ダリ／ルネ・マグリット／ジョルジョ・デ・キリコ

✓チェックドリル

Question	Answer
□1 ジャンフランソワ・ミレーの「落穂拾い」に代表される、自然主義的な風景画が特徴の19世紀フランスに発生した画家の一派は何か。	1 バルビゾン派
□2 「ゲルニカ」で知られ、「青の時代」「バラ色の時代」「キュビズム」など作風がめまぐるしく変遷したスペインの画家は誰か。	2 パブロ・ピカソ
□3 「記憶の固執（柔らかい時計）」などの作品で知られる、シュールレアリスムを代表するスペインの画家は誰か。	3 サルバドール・ダリ

Question	Answer
4 17世紀にオランダのデルフトで活躍し、市民生活を題材にした画家は誰か。	4 ヨハネス・フェルメール
5 彫刻、建築、土木などの分野でも活躍し、「モナリザ」「最後の晩餐」で有名なルネサンス期の画家は誰か。	5 レオナルド・ダビンチ
6 現在も建設中のサグラダ・ファミリア教会を設計したスペインの建築家は誰か。	6 アントニオ・ガウディ
7 バチカンのシスティーナ礼拝堂の天井フレスコ画を描いたルネサンス期イタリアの画家・彫刻家は誰か。	7 ミケランジェロ・ブオナローティ
8 ルネサンス期を代表する画家の一人で、バチカン宮殿内の壁画「アテネの学堂」や「聖母子」などで知られるのは誰か。	8 ラファエロ・サンティ
9 ギリシャのクレタ島出身で、スペインの宮廷画家として16世紀後半に活躍したのは誰か。	9 エル・グレコ
10 「富嶽三十六景」を描いた江戸時代の浮世絵師で、印象派にも影響を与えたのは誰か。	10 葛飾北斎
11 1970年に開かれた大阪万国博覧会会場の「太陽の塔」を制作したのは誰か。	11 岡本太郎
12 「睡蓮」の連作で有名な印象派の中心的画家は誰か。	12 クロード・モネ

一般常識／文化・スポーツ

音楽

キーワード

- **バロック音楽**：アントニオ・ビバルディ／ゲオルク・フリードリヒ・ヘンデル／ヨハン・セバスチャン・バッハ
- **古典派**：フランツ・ヨーゼフ・ハイドン／ウォルフガング・アマデウス・モーツァルト／ルートヴィヒ・ヴァン・ベートーヴェン
- **ロマン派**：フランツ・ペーター・シューベルト／エクトル・ベルリオーズ／フレデリック・ショパン／ロベルト・シューマン／フランツ・リスト／リヒャルト・ワーグナー／ヨハネス・ブラームス／ピョートル・チャイコフスキー／グスタフ・マーラー
- **国民楽派**：ベドルジハ・スメタナ
- **印象派**：クロード・ドビュッシー／モーリス・ラベル

☑ チェックドリル

Question	Answer
☐ 1 「マタイ受難曲」などで知られる18世紀ドイツの作曲家は誰か。	1 ヨハン・セバスチャン・バッハ
☐ 2 「四季」を作曲したバロック時代の作曲家は誰か。	2 アントニオ・ビバルディ
☐ 3 古典派を代表するオーストリアの作曲家で、「交響曲の父」と呼ばれるのは誰か。	3 フランツ・ヨーゼフ・ハイドン
☐ 4 オーストリアのザルツブルクに生まれ、5歳で作曲し、「神童」と呼ばれたウィーン古典派を代表する作曲家は誰か。	4 ウォルフガング・アマデウス・モーツァルト
☐ 5 「白鳥の湖」「くるみ割り人形」などのバレエ音楽で知られるロシアの作曲家は誰か。	5 ピョートル・チャイコフスキー

Question	Answer
6 ドイツ音楽における「3大B」の一人とされ、「ハンガリー舞曲」などで知られる作曲家は誰か。	6 ヨハネス・ブラームス
7 「ワルツ王」と称されるオーストリアの作曲家は誰か。	7 ヨハン・シュトラウス2世
8 耳の病に苦しみながらも「英雄」「運命」など数多くの作品を作り、「楽聖」と呼ばれるドイツの作曲家は誰か。	8 ルートヴィヒ・ヴァン・ベートーヴェン
9 ニーチェの著作からインスピレーションを得て、交響詩「ツァラトゥストラはかく語りき」を作曲したのは誰か。	9 リヒャルト・シュトラウス
10 オペラ「ローエングリン」、楽劇「ニーベルングの指環」などで知られ、作曲だけでなく劇作も手がけたドイツの作曲家は誰か。	10 リヒャルト・ワーグナー
11 「エニグマ」「威風堂々」などの作品で知られるイギリスの作曲家は誰か。	11 エドワード・エルガー
12 「ピアノの詩人」と呼ばれ、「ノクターン」「幻想即興曲」などで知られるポーランドの作曲家は誰か。	12 フレデリック・ショパン
13 「ボレロ」「亡き王女のためのパヴァーヌ」などで知られる、20世紀初頭のフランスの作曲家は誰か。	13 モーリス・ラベル

文化・スポーツ

一般常識／文化・スポーツ

映画

キーワード

●覚えておきたい映画監督と作品名
溝口健二「雨月物語」「西鶴一代女」／小津安二郎「東京物語」／黒澤明「羅生門」「七人の侍」／市川崑「ビルマの竪琴」「獄門島」／今村昌平「楢山節考」「うなぎ」／伊丹十三「マルサの女」「お葬式」／北野武「HANA－BI」「座頭市」／周防正行「シコふんじゃった。」「Shall we ダンス？」／円谷英二「モスラ」「ウルトラマン」／宮崎駿「千と千尋の神隠し」／是枝裕和「万引き家族」／セルゲイ・エイゼンシュテイン「戦艦ポチョムキン」／スティーブン・スピルバーグ「ジョーズ」／フランシス・フォード・コッポラ「ゴッドファーザー」

✓ チェックドリル

Question	Answer
□**1**「楢山節考」「うなぎ」などの作品で知られる日本の映画監督は誰か。	1 今村昌平
□**2** 黒澤明監督の代表作で、ハリウッドで「荒野の七人」としてリメイクされた作品名は何か。	2 七人の侍
□**3** 複数のカットを組み合わせる「モンタージュ手法」を確立した旧ソ連のセルゲイ・エイゼンシュテイン監督の代表作は何か。	3 戦艦ポチョムキン
□**4** 動画の映写技術を発明したフランス人の兄弟は誰か。	4 リュミエール兄弟

Question	Answer
5「東京物語」など、家族を題材にしたローアングルの撮影技法が特徴的な、海外でも評価の高い日本人監督は誰か。	5 小津安二郎
6 イギリスから米国に移り、「犬の生活」「街の灯」など多くの無声映画の主演・監督をした喜劇俳優は誰か。	6 チャールズ・チャプリン
7 6と並んで世界の喜劇王と呼ばれた、無表情なアクションやギャグで有名な俳優は誰か。	7 バスター・キートン
8 イタリア系移民のマフィア一族を描いた「ゴッドファーザー」の監督は誰か。	8 フランシス・フォード・コッポラ
9「鳥」などのサスペンス映画の巨匠で、主に米国で活躍したイギリスの監督は誰か。	9 アルフレッド・ヒチコック
10 世界三大映画祭の一つで、ドイツ北東部の都市で開かれる映画祭は何か。	10 ベルリン国際映画祭
11 毎年5月にフランス南部の都市で開催される世界三大映画祭の一つは何か。	11 カンヌ国際映画祭
12「万引き家族」で11の最高賞パルムドールを受賞した映画監督は誰か。	12 是枝裕和
13 米国のブロードウェーで上演された演劇やミュージカルの中から優れた作品に贈られる賞は何か。	13 トニー賞

文化・スポーツ

一般常識／文化・スポーツ

サッカー・野球

キーワード

●覚えておきたいサッカー用語

国際サッカー連盟（FIFA）／FIFAワールドカップ／Jリーグ／日本サッカー協会（JFA）／イタリア・セリエA／イングランド・プレミアリーグ／欧州サッカー連盟（UEFA）／UEFAチャンピオンズリーグ／オフサイド／アシスト／ハットトリック／ペナルティーキック／ディフェンダー／ミッドフィールダー／フォワード／ゴールキーパー／ペナルティーエリア／フリーキック／オウンゴール／イエローカード／レッドカード／サポーター／フーリガン／ホーム／アウェー／ファウル／シミュレーション／ビデオ・アシスタント・レフェリー

●覚えておきたい野球用語

メジャーリーグ／セントラル・リーグ／パシフィック・リーグ／クライマックスシリーズ／日本シリーズ／ワールド・ベースボール・クラシック（WBC）／コールドゲーム／野球殿堂／セーフティーバント／タイムリーヒット／デッドボール／フォアボール／ファウル／都市対抗野球／全国高等学校野球選手権大会（夏の甲子園）／選抜高等学校野球大会（春の甲子園）／代打／代走／イニング／マウンド／バッターボックス／タイブレーク／牽制球／打率／防御率／リクエスト制度

✓ チェックドリル

Question	Answer
□**1** サッカーで、反則を受けたふりをしてPKやFKを得ようとする行為を何というか。	1 シミュレーション
□**2** 毎年、欧州最強のサッカー・クラブチームを決める大会は何か。	2 UEFAチャンピオンズリーグ

Question	Answer
☐**3** イングランドのサッカー1部リーグを何というか。	3 プレミアリーグ
☐**4** サッカーで攻撃側の選手が前方へパスしたときに、そのボールを受ける選手と相手ゴールとの間に相手選手が2人以上いないと反則となるルールを何というか。	4 オフサイド
☐**5** 日本が初めてサッカー・ワールドカップ本大会出場を果たしたのは、どの大会か。	5 フランス大会（1998年）
☐**6** 2018年のサッカーW杯ロシア大会で導入された「VAR」は、何の略か。	6 ビデオ・アシスタント・レフェリー
☐**7** プロ野球で、1シーズンに3割、30本塁打、30盗塁を達成することを何というか。	7 トリプルスリー
☐**8** プロ野球で2013年に1シーズン60本の本塁打を放ち、王貞治氏らの持つ記録を塗り替えたのは誰か。	8 ウラディミール・バレンティン
☐**9** 日本シリーズの出場権をかけ、シーズン成績3位以内のチームが戦う制度は何か。	9 クライマックスシリーズ
☐**10** 投手が、四死球やエラーで出塁を許したが、相手チームを無安打・無得点に抑え、完投勝利した場合、何というか。	10 ノーヒットノーラン
☐**11** 野球の大会などで、無死一、二塁など、点が入りやすい状況から攻撃を始めて試合を決着させる制度を何というか。	11 タイブレーク

文化・スポーツ

一般常識／文化・スポーツ
オリンピック

キーワード

●覚えておきたいオリンピック関連用語
国際オリンピック委員会（IOC）／日本オリンピック委員会（JOC）／聖火／パラリンピック／ピエール・ド・クーベルタン
●夏季：アテネ（1896、2004年）／パリ（1900、1924、2024年）／ベルリン（1936年）／ロサンゼルス（1932、1984、2028年）／東京（1964、2021年）／モスクワ（1980年）／ロンドン（1908、1948、2012年）／リオデジャネイロ（2016年）／ブリスベン（2032年）
●冬季：札幌（1972年）／リレハンメル（1994年）／長野（1998年）／ソルトレークシティー（2002年）／トリノ（2006年）／バンクーバー（2010年）／ソチ（2014年）／平昌（2018年）／北京（2022年）／ミラノ・コルティナダンペッツォ（2026年）

✓ チェックドリル

Question	Answer
□**1** オリンピックと同じ年に、同じ開催地で行われる、障害者を対象とした大会を何というか。	1 パラリンピック
□**2** 古代オリンピック発祥地の国の首都で、1896年に第1回大会が開かれ、2004年夏季大会の開催地にもなったのはどこか。	2 アテネ
□**3** 開催国の軍事行動に抗議して日本などがボイコットした1980年夏季大会の開催地はどこか。	3 モスクワ
□**4** 近代オリンピックを提唱したフランスの教育者は誰か。	4 ピエール・ド・クーベルタン

Question	Answer
☐5 ナチス・ドイツ政権のプロパガンダに利用されたといわれるベルリン大会が開催されたのは何年か。	5 1936年
☐6 オリンピック発祥の地オリンピアで点火され、開催地までリレーで運ばれるのは何か。	6 聖火
☐7 オリンピックの開催地や競技の採用を決定する機関はどこか。	7 国際オリンピック委員会（IOC）
☐8 7の第9代会長は誰か。	8 トーマス・バッハ
☐9 競技の際、成績を上げるため、興奮剤や筋肉増強剤など、禁止された薬物を使用するなどの違反行為を何というか。	9 ドーピング
☐10 第1回大会以来約40kmとあいまいだったマラソン競技の距離は、第8回（1924年）のパリ大会以降定着した。何kmか。	10 42.195km
☐11 アジアで初開催となる五輪が東京で開かれたのは何年か。	11 1964年
☐12 夏季大会の開催年に行われていた冬季大会が、夏季大会の中間年に開催されるようになったのは何大会からか。	12 リレハンメル（1994年）
☐13 2016年に夏冬合わせて南米で初となる夏季五輪が開催された都市はどこか。	13 リオデジャネイロ

一般常識／文化・スポーツ

スポーツ全般

キーワード

●覚えておきたいスポーツの基礎知識
ゴルフ（マスターズ・ゴルフトーナメント、全米オープン、全英オープン、全米プロ）／ツール・ド・フランス／トライアスロン／ムエタイ／テコンドー／NBA／Bリーグ／テニス（全豪オープン、全仏オープン、ウィンブルドン、全米オープン、グランドスラム）／Vリーグ／ノーサイド／オールブラックス／フォーミュラワン・ワールド・チャンピオンシップ（F1）／世界ラリー選手権／ショートトラック／カーリング／講道館／ダービー／アーティスティックスイミング

✓ チェックドリル

Question	Answer
□**1** 毎年7月にフランスと周辺諸国で行われる、世界最高峰の自転車ロードレースは何か。	1 ツール・ド・フランス
□**2** スイム（水泳）、バイク（自転車ロードレース）、ラン（長距離走）を続けて行い、タイムを競うスポーツを何というか。	2 トライアスロン
□**3** 米国のプロスポーツリーグでNBAの略称をもつスポーツは何か。	3 バスケットボール
□**4** 2019年6月に3の米プロNBAのドラフト会議で、1巡目の全体9位で指名されたのは誰か。	4 八村塁

Question	Answer
5 テニスの4大大会すべてを制覇することを何というか。	5 グランドスラム
6 大相撲の本場所（年6回）の開催地は、東京（3回）、大阪、名古屋と、あと一つはどこか。	6 福岡
7 柔術を母体として柔道を確立した嘉納治五郎が1882年に設立し、その後の柔道の定着・普及に貢献した組織は何か。	7 講道館
8 「氷上のチェス」と呼ばれ、2チームが交互に的をめがけて石を滑らせ、得点を競い合うスポーツを何というか。	8 カーリング
9 「氷上の競輪」ともいわれ、4～6人の選手が同時にスタートを切り、タイムではなく順位を競い合うスケート競技は何か。	9 ショートトラック
10 発祥はイギリスのエプソム競馬場で、現在では各地の競馬場で行われる3歳馬だけが出場するレースを何というか。	10 ダービー
11 プール内で音楽に合わせて体を動かし、技や芸術性を競う「シンクロナイズド・スイミング」は2018年に呼び方が変わったが、新しい種目名は何というか。	11 アーティスティックスイミング
12 すべての国民にスポーツを楽しむ権利を認めた法律は何か。	12 スポーツ基本法

朝日キーワード 就職 2023
最新時事用語&一般常識

2021年11月30日　第1刷発行

編　者　朝日新聞出版
発行者　三宮博信
発行所　朝日新聞出版
　　　　〒104-8011
　　　　東京都中央区築地5-3-2
　　　　電話　03-5541-8832（編集）
　　　　　　　03-5540-7793（販売）
印刷所　大日本印刷株式会社

Ⓒ 2021 The Asahi Shimbun Company/Asahi Shimbun Publications Inc.
Published in Japan by Asahi Shimbun Publications Inc.
ISBN978-4-02-227651-3

定価はカバーに表示してあります。
落丁・乱丁の場合は弊社業務部（電話03-5540-7800）へご連絡ください。
送料弊社負担にてお取り替えいたします。